名师名校名校长

凝聚名师共识
回应名师关怀
打造名师品牌
培育名师群体

　　　　　张晓远志

名师名校名校长书系

# 守望与耕耘

## 三十载历史教学路

黄劲涛 / 著

东北师范大学出版社

长 春

**图书在版编目（CIP）数据**

守望与耕耘：三十载历史教学路 / 黄劲涛著. —
长春：东北师范大学出版社，2019.5
ISBN 978-7-5681-5820-6

Ⅰ.①守… Ⅱ.①黄… Ⅲ.①中学历史课—教学研究
—高中 Ⅳ.①G633.512

中国版本图书馆CIP数据核字（2019）第094113号

□策划创意：刘 鹏
□责任编辑：李占伟 李爱华　　□封面设计：姜 龙
□责任校对：刘彦妮 张小娅　　□责任印制：张允豪

东北师范大学出版社出版发行
长春净月经济开发区金宝街 118 号（邮政编码：130117）
电话：0431-84568115
网址：http：// www.nenup.com
北京言之凿文化发展有限公司设计部制版
廊坊市金朗印刷有限公司印装
廊坊市广阳区廊万路 18 号（邮编：065000）
2022年6月第1版　 2022年6月第1次印刷
幅面尺寸：170mm×240mm　印张：13.5 字数：212千

定价：45.00元

# 为你真情鼓鼓掌

## （代序）

当劲涛提出要我帮忙写序的时候，我二话不说就答应了，是因为情——绵延三十年的友谊，因为爱——对挚友的深情。可是，等到真的要写点什么的时候，却又笔拙了。

一般给人写序，或是德高望重受人敬仰者，或是同业中颇有建树让人膜拜者。于前者，我是远远不够并颇为汗颜的；于后者，我这个语文教书匠着实难以对其他的科目指手画脚——术业有专攻啊。但是，当翻开劲涛的书稿，字字句句读着她从教以来的点点滴滴的时候，我又勇敢地拿起了笔。

因为感动。在我这个在广东生活的外省人看来，劲涛是个特别典型的广东女子：踏实朴素，坚强隐忍，执着认真，砥砺奋进。她也许不是那种灵动聪慧于外的女子，却淡定从容于心，知道自己要什么和能干好什么，始终坚守自己喜欢的事业，一步一个脚印，从不懈怠，永不颓唐。不管生活之路如何坎坷崎岖，她依然春风满面，笑对人生，在一个地方、一所学校、一个岗位始终如一地实干、苦干加巧干，干出成绩，干出感情，干出艺术。这种精神、这种投入、这种痴情令人敬佩，让人动容！

因为懂得。做教师不易，做好教师不易，做好的女教师更不易。从某种角度来说，教师这个职业是容易的，有过三五年的行业浸淫，基本就可以无惊无险地一本通书唱到老，虽然不会轰轰烈烈，但可以"平安无事"到结业。但是，教师这个行业又是最难的——如果你还有点良心，有点梦想，有点激情，有点担当。学生在时时新，教学在常常变，生活在步步走，不上心，不动情，不坚守，很有可能就一退再退，步步颓废了。尤其是女性，有人说"女人三十不读书"，生活一稳定，多少好女子就"秒成"大妈而油腻不已——一个女人，一把年纪，搏什么？搏一口气，一口永不颓唐的独立志气——劲涛努力投入，用了"笨笨"的方法，钻研探索，勤学不辍，与时俱进，她用始终昂扬的事业心开创出自己独特的教育教学之路；搏一腔情——劲涛笑声朗朗，永远热心热情，待同事、待学生、待朋友、待家人她都是掏心掏肺，真诚无私，所以她会收获满满的回报：工作出色，学生敬佩，同事欣赏，亲朋相守！

因为敬佩。教师工作琐碎重复，很多东西在熟悉后就会悄悄地过去，像水过鸭背了无痕迹，等到回过头来才发现"什么都没有"。做工作生活的有心人，需要有心有料有情。这些文字都是劲涛日常生活的点滴积累，也是劲涛的水平和才华，更是劲涛的心和情。没有踏实和执着的坚守，说不出，做不到，写不出。念念不忘，必有回响。真好，真棒！

絮絮叨叨至此，突然觉得惭愧，相比之下，自己着实懒惰和懈怠。我又何德何能去评价劲涛呢？看到这位好友一路走来，着实不易，很是了不起，就用这些文字给她鼓鼓掌，表示我深深的祝福和爱！

韩宜奋

2018年12月24日于中山纪念中学

# 学生眼中的历史老师

## （代序）

### 您让我怀揣着美好与希望前行

古者有言："师者，所以传道受业解惑也。""桃李不言，下自成蹊。"良师之良，在于一言一行的温浸濡染，不仅能使学生汲取到知识的营养，更重要的是能帮助学生领悟人生的真谛。我相信，踽踽征程，若是能与美好和希望同行，终能拨云见日，迎来光芒万丈。

示以美好，授以希望。德国著名哲学家雅斯贝尔斯说："真正的教育是用一棵树去摇动另一棵树，用一朵云去推动另一朵云，用一个灵魂去唤醒另一个灵魂。"而黄劲涛老师恰是这样一位永远昂扬自信，能在一言一行中教会学生心存美好与希望的良师。

初见黄老师是在高三的那个八月。正处在高三这段征程的起点上，我也和很多人一样，满怀期许，风华正茂，却也彷徨焦虑，忧心前程。而高三这一路走来跌跌撞撞，让我更懂得珍惜一些情缘，也让我明白，在这一重要的节点上有这样一位老师，是我的荣幸。虽然只是短短的一年，却留下了太多太多无可复制的美好。

说到黄老师，首先必须为她的课堂点一个大大的赞。我说过，黄老师是一位非常自信的女性，她在课堂上所传递的亦是昂然向上的精神气质。老师的课件做得非常细致，包含面很广却很有重点。在高三复习课上有条不紊地谈古论今、中外关联、旁征博引，极大地拓展了我们的思维面，这无疑是非常有助于我们应对全国高考的。而课后，老师会将她的课件整理出来给班上同学打印以备复习。我看着手边仍保留着的两沓厚厚的课件，内心一阵温暖。特别是根据老师对全国高考特有的那份心得给我们整理出的一些相关规律，事实证明，那的确是一个不可多得的答题神器！

当然，老师在课堂上的风采还有一个特别突出的亮点，那就是她慷慨激昂的语调和时不时的幽默小故事，让我们能在高三的枯燥中寻觅到别样的精彩。记得在讲到中国近代抗争史时，老师曾亲自教了我们一首由儿歌曲子填的三段历史歌词。我以为高三的课堂已远离音乐娱乐，可当全班唱着"两只老虎两只老虎跑得快……打倒列强打倒列强除军阀……打倒土豪打倒土豪分田地……"的时候，我才真正明白，单调枯燥从来都不是高三的代名词，点滴间皆可尝得个中趣味。此外，我发现我从不在历史课上睡觉，不只是怕错过一节课的知识，更是因为老师的语调让人无法酣眠。我记得有一次晚上没睡好，整个早上满是疲态，好不容易熬到大课间趴一下却沉沉入睡。当感觉时间都已经停滞时，突然听见老师一声"上课！"，中气很足却不算很大声，但我仍莫名觉得如雷贯耳，表现就是我跳了起来，刚好撞到同桌准备叫醒我的手，我一脸的蒙圈惹得周围的同学一阵大笑，老师却看着我一脸颓相出声训导。或许老师于我，就像一个警钟，时刻提醒我不要怠惰，要心存远方，要为之拼搏，不畏艰苦。

在课后讨论问题时，我对老师可谓又敬又畏。老师的知识面很广，课内课外知识顺手拈来，问问题之前没做好充分准备的话是万万不敢"造次"的。例如，有一次，应该是高三临考前20天左右的时间，我的知识体系还是有一些乱，比如国民政府的所在地都城变迁。我主动找老师要梳理一遍给她看看有没有问题，结果我一紧张把几个地名搞混了，却认为自己说的是正确的而毫无意识。但老师一听就急得对我直瞪眼，说这个时候了我对知识还那么模糊，这居然都可以搞乱！当时我真的是很窘迫，然而老师批评完之后仍是温声安慰，并且对接下来的复习方向给出了建议。老师就是这样，严厉的同时不失温情。

高三，很多时候打的是心理战，而最容易崩溃的也恰恰是心态。我不是一个坚强的人，却总要逆风而行，这就难免会受伤。我记得您听我哭诉时候的认真与眼眸中流露出的心疼，您给的拥抱温暖而有力，您给我写的卡片笔力遒劲。我始终记得，您和我说，高考考的并不只是这三年所学，还有多年来的知识沉淀和应变能力。您让我要相信自己，要始终乐观向上，目前的困境都只是一时的，而自信能带我走出牢笼，去看辽阔的天地。您让我知道，凡事要尽力，但力所不能及时不必耿耿于怀，永远要心存希望，相信未来会有自己想要的答案。谢谢您，让我知道，我的身后，始终有您不退避的支持。

或许，最让我难以忘却的是那个午后，我在走廊上和同学"奢侈地"闲聊。一转身，您从远处走来，我在楼上召唤，您抬起头，花伞下露出的脸粲然一笑。时光荏苒，岁月对于每个人都是公平的，为教育奉献了半生，您的青春不再，却依旧笑靥如花。我想，这是因为您始终与美好和希望同行。岁月可以改变容颜，却难以泯灭一颗纯净的赤子之心。

水深水浅，无声无息，缘起缘灭，浮生浮世。缘分虚无而不可捉摸，相伴走过一段已是有幸，彼此千万珍重，希望下一次的重逢，仍能见您温暖如初。

愿您永远美好，不为岁月所裁。

林易华

2018届高三（16）班学生，现就读于中山大学

## 一道让人安心的风景

我和黄劲涛老师的缘分是从高二开始的。

那时我刚刚选择了文科，心中充满了对未来不确定性的迷茫。我选择文科的原因之一，是当时我对历史的热爱。当时的我甚至会在某个时刻立下当一个历史老师的志向。但热爱永远不是优秀的充分条件，就好比我上高二的第一次历史考试，班上的"大佬"考出了98分，而我和"大佬"差距有20多分之大。一分在高考中可以拉开几百甚至几千的名次，我刚上高二，就已经和班上的同学有了几万名的差距。但黄老师的经验让我有了信心。

事实上，历史这门学科对于我来说真的让我又爱又恨。我对历史的爱更多的像是一种喜欢听故事的感情，历史本身作为学科的严肃性（可能还有一点点枯燥）却让我头疼，而黄老师的课堂讲解让我能够更好地弥补在历史学科上对严肃史实认识的不足。黄老师的课堂笔记十分齐全，不仅知识点齐，还有许多旁证的史料。我甚至连一些大段的史料都不愿意放过，用各种颜色的彩笔全部记到本子上，而我手机中最多的就是拍的历史PPT的照片。

高三的某一天，历史课下课后我开始补笔记，黄老师走下来看了一会儿我的笔记，笑着说："你的笔记记得可真全，会不会花很多时间？"

"可是PPT上的每一个点我都不想放过呀。"每一个在我看来有一些枯燥的知识点，PPT上都会有一些史实故事来加以辅助理解。黄老师于是很开朗地笑起来。

黄老师夏天喜欢穿裙子，裙子花纹好看，款式大方，老师穿着显得稳重优雅，走起路来裙摆和夏日的阳光一起舞蹈，在高三那个有点炎热、有点躁动的夏天里，是一道很让人安心的风景。给我们解释题目的时候黄老师很有耐心，声音也很让人安心，于是在黄老师温和的讲解中，我们缓慢又坚定地走完了高三这段时光。记得一次临考前的模拟考试，42题小论文我只得了5分，我拿着试卷去问黄老师，黄老师认真地看完，手一伸把试卷还给我："写得中规中矩的，又史论结合，要是我改的话第一档9分！"我很开心地说："老师您跟我真是英雄所见略同！"我的选择题分数就像过山车，一下全对，一下错五六道题，惨不忍睹。这时老师总会说："模拟题有时出得不规范，12道题全部设陷阱，你们不小心就错了。高考题难度、区分度都非常好，我相信你高考绝对不会错这么多的！"在老师的"哄骗"下，我们满怀信心走向了考场。

高三结束了，我们也要各奔东西，谢师宴上黄老师快活地与我们一同开玩笑，一起玩"飞花令"。黄老师在那天也穿了一条好看大方的裙子。黄老师是一个很会过日子的人，她永远是那样快活热情，现在回忆起来我甚至想不起她发火的样子。大一寒假回来后我们到黄老师家包饺子，坐在黄老师装修成中国风的温馨的家里，一边嗑瓜子一边与黄老师谈天说地。黄老师的家不算大，但每一处装饰都体现着用心，以至于我把在黄老师家拍的照片发到朋友圈，会有人问我是不是在酒店吃饭。

现在想想，黄老师这种用心又细致的性格，也融入了我们每一天的学习中，在那个夏天里，像一场淅淅沥沥的清凉的雨，安抚了我们那颗因为紧张而迷茫的心。

卢纯青

2017届高三（42）班学生，现就读于北京师范大学

# 激情声音伴我们史海泛舟

印象最深的当数黄老师魅力无穷的声音。我总觉得，黄老师的名字就是她讲课声音的真实写照——劲，犹如长白山之桦树；涛，是为南海之滨的律动。高三那一年，当是我们悬梁刺股不敢说困的一年，可班上的情况并非如此，每节课都有嗜睡的同学。课堂上两眼一闭的三四者中，固然有我，不过更值得回忆的是黄老师用洪亮的声音唤醒某同学时的一番情景。"张×，又睡觉了！"老师用生气中带着逗笑的语气说。收到黄老师满是昂扬的声波后，张同学嬉皮笑脸装成无辜的样子更为好笑，但再也不能睡了，毕竟老师的声音真的是助醒剂啊。谁不愿为响亮好听的声音认真听上一节课呢？老师声音的神奇功效大抵如此。对于我们来说，一堂好课不仅是老师讲解的知识丰富，更重要的是富有节奏感的讲课方式。我想，老师独特的语调对此贡献不少。何时收，何时放，朗朗乾坤都蕴藏在老师的一声一调之中，怎叫我们忍心走神？

老师的名声我在高一时已有所耳闻，想不到高二分科时能有幸被老师教到。可以说，我高中历史的学习习惯很大一部分是老师的教学方法形塑而成的。黄老师上课时非常注重让我们广泛阅读材料，为的就是拓展我们的"题野"，培养我们处理材料的能力。针对每一道题，老师总是一如既往地带领我们对材料抽丝剥茧，避开陷阱，命中关键词。正是这种一丝不苟的教学方法，使我在做题时能有意模仿老师的思路去处理问题。而且有老师的声音魅力影响，对于知识点的记忆更加牢固。

我高三时的历史成绩不温不火，比较稳定地渡过了高考非常时期。对此，我亦是非常感激老师的教导。高中时期与老师交流不多，只是日常的问问题，没有太多的课余聊天，现在回想起来觉得略有遗憾，遗憾没能与良师来一场近距离的超越历史与考试的深度交流，因此比较羡慕能够这样做的其他同班同学。愿今后有机会弥补这一遗憾。

殷志鹏

2017届高三（42）班学生，现就读于南京大学

# 与青年教师成长的故事

## （代序）

### 成长有您，一路幸福
#### ——魏嘉嘉成长故事

不知不觉在三尺讲台上已有些年头了，从青葱少女到市教学骨干，其中有过挫折，有过喜悦，也有过教训，更多的是成长的故事。

记得刚毕业，满怀着热情与梦想，我走上了三尺讲台。当时既当班主任又承担着6个班的教学工作，白天处理班级琐事，晚上备课到深夜，教学效果甚微。班级管理效果也不佳，无法得到学生的信任。正当我束手无策时，科组长黄劲涛老师看出了我的困惑，语重心长地对我说："你首先是一名历史老师，其次才是一个班主任。你只有把课讲好了，在课堂上站稳脚跟，才能让学生信服你，才能收获学生对你的信任，这样管起班级才更轻松更高效。"黄老师的话犹如醍醐灌顶，让迷茫的我找到了方向。我改变努力的方向，以做一个教学能手为我的首要目标。为了让我们新教师更快地进入工作状态，黄老师的课堂为我们开了绿灯，让我们随时推门听课，并不吝分享教育教学资源。她也常跟我们分享她是如何平衡好班主任工作与教学、家庭与事业之间的关系的。黄老师的身体力行，为我们新教师指明了方向，让我们少走了不少弯路。

公开课是青年教师快速成长的催化剂，但在工作之初的一两年，在公开课方面，我一直没有找到突破口，很害怕上公开课，把上公开课当成一种负担。在一次完成公开课任务后，我感觉不是很好。黄老师留下了我，开门见山地说："公开课是对你的教学质量的展示和检验。你备课上课时要心里装着学生，三问自己：学生听得懂吗？学生喜欢吗？符合课标能力要求吗？"黄老师又鼓励我要把压力作为动力，慢慢积累，不断反思。她说相信我很快就能成长起来。黄老师知道我害怕上公开课，就把更多的公开课和比赛课的任务交给我，我也在一次次公开课和比赛课中得到锻炼和收获。

2017年，我获得了参加《中史参》杂志举办的全国中学历史公开课海选的机会。当时在选题的时候，黄老师建议我从"家书"入手去设计这一节课。从课题的确定、教学设计、课堂的打磨，到最后的录像，一字一句黄老师都参与其中，并给予我很多中肯的建议。我感受到黄老师的责任心和耐心，以及她深厚的学养。后来市教研员陈洪义老师还请来华南师范大学的王继平教授指导我们，最终我获得了全国一等奖的好成绩。而我收获的，不仅是教学水平的提高，更学到了老教师身上的一种承担与责任。2017年暑假我和黄老师一起去成都参加全国历史学术会议，并去领奖。我们一起接受高端的历史精神食粮，也不辞劳苦去寻觅和品尝成都、重庆的美食，并畅游了都江堰、武隆风景区等名胜古迹。真是令我十分难忘！

点滴进步离不开名师引领，除了常规备课和教学工作，黄老师还要求我们多读书，多动笔，鼓励我们做研究型的教师。每当新的历史教学杂志到手，黄老师总是第一时间在科组上分享。她成立了名师工作室后，我们有幸成为工作室的学员，读书沙龙、课题研究、名师讲座这些都提高了我们的眼界，鞭策着我们前进。在黄老师的带领下，我们参与了省课题研究，这不仅激活了我们一线教师的研究潜力，也提高了我们的研究水平。在科组浓厚的教研氛围下，我也获得了校本课题研究一等奖，主持省"十三五"课题子课题研究，有多篇论文获奖并公开发表。

从蹒跚学步到专业行走，从迷茫彷徨到坚定自信，感恩湛江一中和历史科组，感恩黄劲涛老师的引领。成长有您，一路幸福！

## 榜样的力量

### ——记与黄劲涛老师的二三事

时光荏苒，转眼将是我走出校园参加工作的第十个年头了。回想初来报到的我，天真地以为做历史老师很容易很轻松：老师就是上课照本宣科，下课铃声响拿起包包走人，只要完成常规教学工作就万事大吉了。来到历史科组，接触到黄劲涛老师，才知道历史老师不仅仅是一份职业，更应该是心的付出，学生、课堂将会成就精彩的我们。在新教师培训的时候，黄老师说，想让学生喜欢你首先要上出精彩的课，所以万万不可松懈，要不断学习。她告诉我们，教师成长还需积极参加各种技能比赛，不断提升自己，积累资本，这样才能在职业道路上更进一步。

在黄老师的鼓励下，我参加了各类大大小小的比赛，也取得了不少成绩。我多次获得全国、省、市、校论文比赛一等奖。2015年，我获得了湛江市高中历史高效课堂比赛一等奖，还成为湛江市骨干教师。一路走来，黄老师就像我教师生涯的领路人、灯塔。特别是参加黄老师名师工作室，使我受益匪浅。她开设各类讲座与我们这些学员分享教育教学心得，她给我们讲述自己的成长之路，让我们体会她在成长路上无止息的追求，真是我们的榜样。她教我们怎样写教学论文，推荐了很多优秀课例和经典文章供我们学习。在名师工作室，我弄懂了写中学教学论文的方法，学会了如何写教学设计和如何上出精彩的公开课的方法。从模仿到原创，我的职业道路越走越顺了。

其中，我对参加湛江市高效课堂比赛一事印象尤为深刻。那次比赛分初赛和决赛两个阶段，我在初赛中只取得了第二名。赛后，黄老师和我认真分析了课上所有环节，指出了存在的不足。此后，她又多次听课，提出了很多宝贵的意见，与我细细打磨，经常与我谈到吃饭时间仍不知疲倦。在她的帮助下，我重新设计讲课思路，终于在决赛中取得了第一名的好成绩。

2018年，我与黄老师一起成为高三年级的老师。本来，我以为自己已经讲过两届高三的课，心中比较有底，但在接手新的班级后，我按照原来的方法做，效果并不理想。这时，黄老师给备课组的老师分享了很多往年备考的经验，比如答小论文的模板、历史知识百日冲刺表等。在最后冲刺阶段，备课组老师谈到学生的答题情况仍不理想，她连夜将高考题分门别类，为学生总结答题规律。这些教学办法于我而言，无异于打开了一扇新世界的大门。我不由得感叹，原来高三历史还可以这样复习！

黄老师专业知识深厚，对高考真题信手拈来。当我们备课组谈到某个考点时，她往往张嘴就能说出历年来是如何考查的。她对题目钻研之深，对我在高三备考上帮助很大，也让我看到了自身的不足，不敢有一日之自满。

从黄老师身上，我不仅学到了作为一名历史教师必备的教学技能，还学到了应该如何做人。她就像一个孜孜不倦的火车头，总是以身作则，带着全科组的老师努力前进。

黄劲涛老师，我职业路上的灯塔和榜样！听黄老师说她即将从教三十年了，我在这里送上祝福，并感谢她一路的相伴和指导！

林　菁

## 引导我从懵懂走向成熟的导师

### ——郑宇莹成长故事

从教七年有余了，回顾自己的教育教学历程，很幸运我有一位好的科组长，使我从懵懂走向成熟，在教学中享受到成功的喜悦。成长的路上虽布满荆棘，但我没有退缩，矢志不渝地朝着既定方向和目标努力前行，并一天天地拉近与梦想的距离。这一切是因为在我成长的路上，有一位良师益友始终伴随着我，她就是黄劲涛老师。

记得2011年的一节公开课，我用30多分钟就上完了40分钟的一节课，剩下的时间我就不知道做什么了，很多老教师坐在后面，看着傻傻的我，当时的我就想一头钻到讲台下。课后黄老师找到羞愧难当的我，先是非常理性地详细地跟我分析了我的课，主要是没有做好时间分配，没有做好师生互动，没有调整好习题量等问题。最后黄老师语重心长地勉励我："你还年轻，只要你愿意付出，还有很大的进步空间。首先要提升自己的专业水平。"之后在科组和名师工作室的培训中，黄老师经常指导我们阅读和分享历史杂志上的文章和历史专业书籍。我认真记录，积极听老教师的课。经过磨炼，我终于在一次科组内的公开课后得到大家的好评。我也逐步得到学生的认可。从中我体会到，一名新教师的成长最好的办法就是要多听课，不断学习，不断进步；要常常把学生放在第一位，这样课堂才能够有生命力。在黄老师的帮助和鼓励下，我走出了"懵懂"的困境。

黄老师告诉我们，有了一定的教学经验，就要努力做一名教研型的教师，这样才能更好地成长。她要求备课组长多安排青年教师命题，认为命题

11

是教师成长的重要途径。命题首先要研究高考试题，黄老师推荐了一些有关命题的文章给我们阅读。我阅读了高考命题研究的文章，知道命题需要阅读大量的史学资料，要求有大量的史料积累，也要求具备很高的技巧，在学习理论和命题实践中，我慢慢地能够从高考的视角来把握历史知识和理解知识了。

2017年，湛江市举办首届中小学青年教师教学能力大赛，我积极报名参赛，在黄老师的推荐下，我获得了这次难得的参赛机会。这次比赛内容多，涉及命题和说题、写作、上课等环节。虽然是我的比赛，但在整个准备比赛的过程中，黄老师始终参与其中，仿佛比参赛的我还要紧张，这让我非常感动。黄老师首先让我仔细读了几篇关于命题和说题的文章，然后布置我命制了很多以高考重点、热点为主题的题目。命好了题目，我又按照黄教师的要求写出命题的依据。黄老师还组织了科组几位有经验的教师听我说题，大家提出意见，我再修改。黄老师还布置我写有关青年教师成长方面的论文，她亲自帮我修改，并让我背熟一些教育名言，到时在赛场上写作时可能用得上。按照黄老师的安排，我一步步完成她布置的作业，到了赛前，对于命题和说题、写作这些环节我已经胸有成竹了。后来我获得了一等奖。赛后我很有感触地说："如果没有黄老师您的帮助，我不会获得一等奖。"这时候，黄老师告诫我："这只是开始，你的上课环节还不能令人满意，你还要继续努力！"这就是最让我感动的地方，黄老师无时无刻不在鞭策我前行。

我非常庆幸有这样一位"革命导师"，不断地鼓励我前行，为我披荆斩棘。

### 您待我如妈一样慈爱

#### ——吴彩英成长故事

走上工作岗位已经五年多了，虽不能说已经茁壮成长，但也脱离了初出茅庐的懵懂状态。一路走来，其间的兴奋、迷茫、失望、欣喜、收获，点点滴滴，如人饮水，冷暖自知。这一过程中，感谢见证了我成长的每一个人。

首先，很荣幸我加入的是一个十分温暖、向上、辉煌的科组。特别是科组长黄劲涛老师，这位被我们郑军校长称为历史科组的"妈"的人物，给予我们年轻一辈无限的关爱与帮助。黄老师说过的一句话，我印象特别深刻："科组的辉煌属于过去。现在扶持你们年轻一代成长，希望在我们老一辈退休后你们能将辉煌传承下去。"一句"将辉煌传承下去"，承载了多少对年轻一辈的期望，蕴含了多少对学生的关爱，更是蕴含着对湛江一中深沉的爱。这种情怀与精神也深深地影响着我们。我是历史科组年龄最小的一辈，比我早进入一中的科组青年教师，都那么积极进取，成绩斐然，我要坚定地跟着他们的脚步前行，也一定可以变优秀，因为我们都师从同一位老师，像妈一样慈爱的黄老师。

很幸运能跟黄老师在一个备课组经历整整高中一轮的教学。她指导我如何驾驭课堂，如何写论文、做课题，使我原来毫无生气的课堂变得丰富、生动起来。我印象最深的是黄老师推荐我参加学校青年教师上课比赛。我所上的课题是"三代人眼中的教育访谈录"探究活动课。黄老师在指导我设计该课时，提出了很多有效的建议。其中让我受益匪浅的是黄老师建议我把学生收集到的不同时期的教材进行整理，模仿高考题设计的一道合作探究题——中国近代史教材目录的编制在新中国不同时期有何不同及不同的原因。在探究过程中学生都有话可说，可以畅所欲言。我在指导学生探究问题时介绍多元史观，培养学生多角度看待历史问题的能力。在黄老师的指导下，我一次又一次地修改教学设计，获得新知。回想当时为了能让我在比赛中取得好成绩，黄老师和我在办公室修改教学设计，听我试教，不知不觉还错过了晚饭时间。黄老师带我回她家吃晚饭，如今还记得她家的梅菜扣肉吃得我连连叫好。这让我深深感到，郑军校长口中历史科组的"妈"的称呼真的是再恰当不过了。

我刚跟班到高三的时候，对于怎样把每个考点讲到位，总是感到迷茫无措。所以黄老师的每节课我几乎都去听，并且每一次，黄老师在下课后都把她的课件分享给我。她还常常指导我用什么教学方法突破高考的重难点。这让我很快地适应了高三教学，踏实前进，所带的班高考取得了不错的成绩。

在黄老师的指导下，我多次参加了学校的论文和微课比赛，并取得了优异成绩，特别是2015年参加了广东省小课题研究，这一课题被获准立项。在课题研究的过程中，我感受到做一个教研型教师的乐趣，虽然最后未达到理

想的结果，但是我已经踏出了非常重要的一步。

"师父领进门，修行在个人"，今后，我将更加用心于教学教研，不负所托。最后，还要再次感谢黄老师在语言上、行动上、精神上不断地指引我们成长，感恩她待我如妈一样慈爱！

# 笃定守望，快乐耕耘

## （自序）

父亲送我来湛江一中报到仿佛还是昨日的事情，不知不觉从教已经三十年了。三十年来，我一直在湛江一中这片沃土上耕耘，回顾过往，我为自己不懈的守望而自豪。

我守望着自己的教育梦想。1985年，我入读华南师范大学的时候，国家正处于改革开放之初，记得当时大部分同学对做教师表示很无奈。但对我而言，做一名教师是我从小的志向。记得刚上小学的时候，我经常在宿舍大院里，拿树枝当教鞭，把学到的字词、简单的加减法在平房的一堵泥墙上教给邻居的小伙伴。后来我上了重点中学，这些小伙伴还不时拿着英语、数学向我请教。我们在宿舍大院的地板上写写画画的身影至今记忆犹新，那是我教师梦开始的地方。大学毕业前夕，华南师范大学历史系老教授夏琢琼——同学们都亲切地叫他"夏老头"，自信满满地说："我们这些娃出去后，一定都不会赖的，一定会成为一方教育界的栋梁！"我带着老师的期待走出了校园，一脸的青春，一腔的热血，开始了教书生涯。从第一年开始我就经常被评为学校优秀教师了。当年一起合作的一位老师曾说："你的开头很好。"热爱使我执着地守望一直以来的教师梦。

我通过一节一节精心设计的课，笃定、执着地守望课堂，守望着学生的梦想。我用笨而有效的办法开始学习如何上一节好课，那就是模仿。我阅读教学杂志和全国各地历史名师的教学专著，把他们的案例抄写在教案本上；到学校电教室借出不多的几盘教学录像带，看了又看。向成功的前辈学习可使我们少走弯路，我也在他们的精彩中被激励、被启发。那个时候我认为一节好课是什么呢？就是吸引学生的眼球，激发学生学习历史的兴趣。于是有了第一篇发表在《中学历史教学》上的论文《表演式教学在历史课的运用》。以后我对课堂的理解更加深刻了，我研究有内涵的课堂、有生命的课堂、以素养滋养学生的课堂。自己的专业不断成长，更助力学生的成长。我也受到了学生的喜爱，并在高考中一次次见证了学校的辉煌、学生的精彩。

2004年，国家开始实行新课标，这一年我担任了学校历史科组长。十五年的科组长生涯，给我更多的是感动。从接手时从未得过先进的小科组，到年年先进并成为广东省首批示范教研组，湛江一中"历史人"与我一起守望着科组的成长。我们一起认真教研，一起快乐踏青，一起烹饪海鲜。与年轻的伙伴们一起培训，一起磨课，一起出征比赛，一次次取得佳绩，他们成长，我心仍年轻，不亦乐乎！

以这本教学成果集献给我这三十年，也献给所有爱我的人！愿我书中的经验之谈对读者有所启发，愿与同行共同在教育园地上守望与耕耘。不足之处请指正！

黄劲涛

2018年12月18日

# 目 录
CONTENTS

## 第四章　历史原来可以这样学

## 第五章　在见微知著中走向研究之路

第六章　用心经营我的"家"

　　——历史科组建设、名师工作室点滴 …………… 163

第一章

热爱从吸引眼球开始

——激发学生学习历史的兴趣

　　众所周知，兴趣是最好的老师。孔子说："知之者不如好之者，好之者不如乐知者。"中学历史课堂运用什么教学方法激发学生的求知欲，培养学生学习历史的兴趣，使他们积极而主动地学习，这是一个古老又新鲜的课题。我刚走上教学岗位的时候就憧憬着：我要爱我的学生，我要和他们打成一片，做他们的好朋友，我要让学生喜欢我和我的课堂。带着简单朴实又执着的梦想，我开始了历史教学第一步：在课堂上我要吸引学生的眼球！

　　教师在教学过程中以一系列方法、技能和技巧及实验，运用具体活动的场景或提供学习活动的资源以激起学生的学习兴趣，使其在快乐中动脑、动口、动手，主动地学习，愉快地完成学习任务，提高学习效率的教学方法，叫作激趣教学法。

　　历史课堂中吸引眼球的激趣法有很多。在教学实践中，我认识到组织课堂活动不应该是教师单方面的事情，应该让学生参与其中，甚至让他们成为课堂的主体，这样对学生的影响才更为深远更为有效。教育学家赞可夫曾说："凡没有发自内心的求知欲和从兴趣而来的东西，凡没有经过紧张的脑力劳动和克服困难而达到真正理解的东西是很容易从记忆中挥发的。"教师应该努力创设一个有利于学生参与的课堂，激发学生的求知欲，激发学生学习的积极性，使他们所学到的知识、技能不是挥发掉而是沉淀下来，并成为今后成长的养分。

# 表演式教学在历史课中的运用

表演式教学就是把课本中历史人物的活动和重大历史事件，由学生作为扮演者表演出来。在这个过程中学生既学到了一系列历史知识，也对历史有所感悟。由于"戏"简单短小，称为"历史小话剧"。表演式教学的题材主要来自课本，所以也称为课本剧。

## 一、课前准备，充分发挥学生的主体作用

上历史表演课的第一步是编剧本。一般以历史人物活动为主线，设计一个或多个历史场景，把课本中的人和事通过剧中人物的语言表达出来，便于学生记忆和引发他们的思考。我刚参加工作时教的初一《盛世经济的繁荣》一课，讲的是唐朝长安城的繁荣景象。在这一课中，我设计了六个人物、五个场景，讲的是两名现代中学生穿越到唐朝长安城旅游。他们来到城门口时，守门士兵向他们介绍长安城的布局、特点；他们参观"市"的时候，向卖陶瓷的老大爷寻问陶瓷的产地、制作特点，特别是唐三彩的制作方法；他们参观"坊"的时候，唐朝妇女向他们介绍唐朝人的生活习惯，包括不同年龄的人的衣饰打扮特点，以及骑马、饮茶之风等；他们到郊外参观时，农民向他们介绍曲辕犁、筒车、主要粮食、副食，以及他们艰辛的生活。最后，两名中学生回到城门口，吟唐诗，抒发他们的自豪感和畅谈他们的梦想。

在编剧本的过程中，我列出大致提纲分好场景后交给学生去编写。对话部分要求学生用他们的语言及他们最想向古人提问的问题去编写。这发挥了学生的聪明才智，也使剧本贴近学生的生活。

在选演员这个环节上，我的做法是，向学生宣布表演课的角色，让学生报名，结果每个班报名的学生都十分踊跃。我就让参与编剧的学生从中选出

3

表达能力强、外形较为符合要求的学生。科代表组织学生利用下午放学后的时间对台词、加动作、走台，一般排练三个下午就像模像样了。

## 二、课堂教学以教师精讲与学生表演相结合

上表演课是历史表演式教学高潮的环节。首先由教师对课文进行精讲，把课文基本线索理清，把背景交代清楚就可以了，用时大约15分钟。几名手拿长矛的男同学上场了——他们扮演的是长安城门口士兵，一声呵斥把背着背包的两名现代中学生叫住，精彩的表演就此开始。后面陆续登场的有贴着白胡子的男同学扮老大爷，拿着瓷器花瓶在推销；有一名身材高挑的女生戴着假发髻、穿着唐代流行的红长裙扮演街坊大嫂；有扮演农民的同学手执牛鞭，曲辕犁只好用课椅充当了。小演员表演认真、熟练，博得了大家热烈的掌声。最后，闭卷完成课前印发的填空、选择题。

这节历史课，学生成为课堂的主人，他们在表演或观看表演中，学到了历史知识。课后我对收上来的测试卷子进行批阅，学生对陶瓷、农具、饮茶之风等重点知识都能记下来，对唐朝经济繁荣的表现也基本掌握了。在测试的卷子后面我印了几道民意调查题。统计数据表明，对"你喜欢历史表演课吗"这一问题，学生表示喜欢的占100%。对"你认为有什么收获？你有什么建议"的问题，学生表示"表演课能加深我们对课文知识的理解和巩固""对课文的内容印象很深""表演课使我们在轻松愉快的气氛中学习""我希望下次能参加表演"等等。

为了不影响讲课的进度，历史表演可以穿插在新课教授过程中，也可以把几个小剧放在一节课中完成。

把表演注入教学，使历史变得生动起来，既能激发学生的学习兴趣，又能激发学生的求知欲和参与意识；学生在课前准备及表演历史剧中也锻炼了能力。

## 三、挖掘表演式教学深层次、多方面的功能

教学既是科学，又是艺术，是充满创造性的劳动。表演式教学把课堂交给学生不是为了热闹，搞搞课堂气氛，而是为了实现课堂深层次、多方面的功能。

历史表演式教学的功能最直接的表现是情感教育。在上述表演中，两名中学生不时对一千多年前唐朝生产工具的先进、生活的丰富多彩、城市的繁荣啧啧称道。他们最后走到城门口表示回去以后，要好好学习，为祖国再次成为东方巨人做出贡献。这是爱国主义教育。我在讲授春秋战国文化史时，结合教材的插图指导学生表演"孔子见老子"，两位大思想家通过一问一答表述自己的主张，向对方问道及探讨问题时的用语表现出他们的谦和，使学生领略到先贤美好的人格魅力。

表演式教学可以培养学生的历史思维能力。在学习完中国古代史后的一节复习课中，我分别安排学生扮演秦始皇、汉武帝、曹操、武则天，先让他们"自报家门""自吹自擂"，再让他们互相指出局限性，也可以自我辩护，让他们在评价历史人物的时候畅所欲言。结果学生玩起了群口相声，我在最后点评时引导学生应该如何正确评价历史人物。复习课在生动活泼的气氛中收到了良好的效果。

还有，在学习秦始皇实行郡县制的背景时，我安排几名学生分别扮演秦始皇、李斯、淳于越，李斯与淳于越在朝廷上辩论"实行郡县制还是分封制"，最后由秦始皇裁决并说出理由。在这个过程中，培养了学生的比较能力和批判精神。

陶行知先生有一首很有名的儿歌，叫《小孩不小歌》："人人都说小孩小，谁知人小心不小。你若小看小孩子，便比小孩还要小。"陶先生的这首儿歌体现了师生民主平等的教学思想。表演式教学在历史课运用中，师生共同合作完成学习任务，增进了师生的感情。

# 善用历史影视作品，激发课堂探究积极性

运用影视作品辅助历史教学是现今较为普遍的教学手段。影视作品成为教学资源，使历史借助图像、音像的表现方式得以"再现"，使历史课更具体、生动、直观和形象地展示出来。历史课堂中合理运用影视作品，可以激发学生学习历史的兴趣。特别是运用影视作品创设生动的历史情境，可激发学生探究问题的积极性。

## 一、运用影视作品导入新课，创设情境

上课的第一环节是导入新课。通过教师的开场白或复习上一节的内容，承上启下进入新课学习。这样使学生很自然地进入上课的状态。如果这一开场白是以一则生动、精彩的视频拉开序幕，就更能把学生吸引住，使学生更快地进入历史情境当中。

例如，我在上《新航路开辟》这一课的时候，首先播放了美国电影《哥伦布》的一个片段。画面上是一艘帆船在波涛汹涌的大洋上航行，哥伦布和水手与风浪艰难地搏斗，水手的绝望喧哗，哥伦布的激动劝说和航海记录，最后看到陆地时众人的狂喜。一系列画面放映的同时，这部电影的主题曲"Sailing"穿插其中，富有激情的男中音十分动人。短短的三分钟视频，起到了渲染气氛、烘托主题的效果，激发了学生的学习兴趣。然后，我就问学生："这节课我们即将学习的是什么历史事件？"学生回答："新航路开辟！"我进一步问大家："哥伦布等航海家为什么要冒着如此大的风险，千辛万苦去寻找新航路呢？"以此引入新课的学习。播放视频、创设情境，起到唤醒学生的主体意识、推动学生主动学习的作用。

## 二、借助影视作品对历史的叙述，突破教材重难点

历史课本中的史事繁多，一些历史事件、概念较为复杂或抽象。如果都让历史教师自己去讲述，常常因为不够生动甚至枯燥，使学生失去学习的积极性。视频中的历史画面生动直观，讲解人的声音动听，史料丰富。运用视频使学生容易集中精神投入历史学习中，学习的效果比教师讲述好得多。

例如，在上《百家争鸣》一课时，人物多，要记住主要人物的主张，学生觉得很烦琐。除了常用的表格归纳法，我们可以播放相关人物介绍的影片，学生因人物事迹介绍而加深对主要人物主张的理解，进而记住历史知识。我在中学历史教学园地网站下载的《稷下学宫》6分钟短视频，非常生动地展示了儒家的孟子与法家的申不害、商鞅的辩论。学生通过人物或沉稳或富有激情的辩论而了解他们的主张，也通过齐国的稷下学宫而感受战国时期学术思想的开放和活跃，进而理解百家争鸣是中国历史上第一次思想的解放运动的结论。

又如，在学习五四运动的背景时，播放电影《我的1919年》的片段，顾维钧在巴黎和会上据理力争的情景，生动反映了近代外交家的爱国精神及无奈的心情。对课本知识做了补充，使学生理解北洋军阀统治时期中国社会的复杂性，进而深入理解五四运动的背景。

## 三、影视作品为课堂探究提供声情并茂的"料"

影视作品大部分都是虚构的，当然不能成为史料，但许多高质量的纪录片里面有许多的第一手、第二手材料，我们就可以将其运用到探究课堂当中。开展探究式教学，史料是桥梁。平时我们主要用的是文字、图片材料，而当前大量高质量影视作品的出现，为我们的课堂探究提供了又一广阔的平台。例如，央视播放过的《大国崛起》，提供的历史材料非常丰富，有历史典籍的记载、历史博物馆、历史遗址采访、专家学者的访谈等，加上解说员的生动讲解，为我们探究近代以来大国兴衰的来龙去脉提供了极大的帮助。在讲授《新航路开辟》《早期殖民扩张》中的知识点的时候，我们需要引导学生探究西班牙、葡萄牙、荷兰兴衰的原因，但是教材的资料不够充分。我剪辑了《大国崛起》的视频在课堂上播放。学生观看了视频资料后，我布置学生挑选一个国家，以"大国兴衰"为主题写一篇600字以内的小论文。学生史论结合探

究大国兴衰的原因，同时也结合现实谈到了自己的感悟。所以，好的视频资料可以帮助我们实现课堂的有效教学。下面分享一篇学生的小论文：

## 小国大业

高一（1）班　李韫瑶

荷兰，一个地处泥沼、面积只有两个半北京大的国家，却能在300年前的17世纪作为世界经济中心，地球上最富庶的地区而存在。即使在300年后，风起云涌、沧海桑田，荷兰人民的富裕仍是世人皆闻的。那么，到底是什么使小国荷兰在300年前如此勃勃生机地运转呢？容我浅谈。

首要条件，必须是齐心。若不是人心一处，团结协作，是绝不能完成这般伟业的。荷兰人民的心很齐，因为他们所求之物很肤浅，却又很现实——财富，或者粗俗一点，钱。为了钱，他们从贵族手中买下城市自治权；为了钱，他们联合起来推翻西班牙飞利浦二世的统治；为了钱，他们一次次创造奇迹。"我们只是不想为了所谓的尊严而丧失巨大的利益。"这句话中，荷兰人对金钱的执念可见一斑。

其次，便是创新。在逆境中，荷兰人创造了"一刀去除鱼肠"的方法、创造与命运赌博的航船。荷兰创造了第一个赋予商人阶层充分的政治权利的国家，创造了让银行、证券交易所、有限责任公司有机统一、相互贯通的金融和商业体系。因为这些，荷兰控制着世界一半以上的贸易。阿姆斯特丹女神的手稳稳地放在地球上。

当然，以上的宏伟，也绝不能缺乏信用的保证。前有巴伦支船长及十七名船员以诚信保证了名声与市场，后有荷兰政府立法保障银行信用。荷兰人爱钱，更明白如何拿钱。

正是因为有了这些软硬件的保证，1648年的荷兰才能成为商业繁荣的中心。虽然因英国工业革命的开始国际舞台中心转移，但小国大业的奇迹仍能启迪我们，值得我们深思。

在新课程改革的背景下，教材不再是唯一的教学资源。我们善用身边的影视作品，充分发挥各种教学资源的整合作用，可以促进课堂的有效教学。同时，我们要认识到影视作品不能取代教师，要认真做好选材工作，使影视成为我们的好助手。

# "小老师"上课也精彩

20世纪90年代，魏书生老师因为让学生上语文课并带出好效果而闻名全国。他当年是我们许多教师模仿的对象。近年来全国各地掀起探索高效课堂的浪潮，其中"兵教兵"的教学法也风靡一时。实际上，早在20世纪30年代，陶行知先生的平民教育运动就倡导"小先生"教学法。他创作的《小先生歌》里唱道："我是小先生，这样指导学生：学会赶快去教人，教了又来做学生。"一代代教育者传承下来的教育精髓归到一点上，就是要信任学生，敢于把课堂交给学生。

运用"小老师"上课法，就是师生角色互换，打破以往教师讲、学生听的传统，充分体现了"以教师为主导，学生为主体"的课堂教学的灵活性，充分发挥学生的主体作用，促进学生之间的交流，促进教学相长，达到师生共赢的效果。

## 一、要选择适合"小老师"上课的课程内容

历史课的内容浩如烟海，这为我们提供了十分丰富的上课资源，同时也要求我们要善于选取适合"小老师"上课的内容。在上新课的时候，我们可以选择贴近学生生活、容易引起学生共鸣、便于学生操作的课程内容。例如，必修二《中国近现代社会生活的变迁》、必修三《古代中国的科学技术与文化》这两个单元内容丰富，学生比较熟悉，许多历史就"活"在身边，容易引起他们的兴趣。

上到这些单元的时候，我会把课本的内容分成一个个小专题让学生以小组为单位去收集资料、备课、上课。例如，《中国近现代社会生活变迁》一课，我分配学习小组分别介绍"衣""食""住""行""风俗""通信"

等任务。学生小组的名称就很应景，称为霓裳羽衣组、舌尖上的味道组、书中黄金屋组、上天落地蛟龙号、打躬作揖爱平等组、烽火连线组等。我把《古代中国的科学技术与文化》分为造纸术、印刷术、火药、指南针、医学、数学、文字、书法、绘画、文学、戏曲等小专题，分给各小组去准备。学生通过学习课本、阅读课外书或上网，较为容易收集到相关的资料。这两个单元的内容相比内容单一、学术性强的教学内容来说，可操作性强，实施起来效果也比较好。

在高三复习过程中，考试一般比较频繁，如果每份试卷都由教师讲评、满堂灌，课堂效率往往不高。而且讲评时间多了，复习的进度又会受影响，部分学习成绩好的学生"吃不饱"。我把部分选择题交给学生讲评，这样既锻炼了学生的学习能力，又有利于提高复习的效率，得到学生的认可。

在我们的教材中有若干综合探究课。这些课程是由学生自己小组合作收集资料、整理资料，形成成果后在班里展示成果的研究性学习。以人民版必修三的《三代人眼中的教育访谈》为例，我先设计了一系列的问题供学生参考，让学习小组分别采访太爷爷太奶奶辈、爷爷奶奶辈、爸爸妈妈辈的人。学生整理访谈报告、查资料、做课件，在全班展示研究成果，接受同学的请教或质疑。这一类课程内容有趣，教学要求自由宽松，也十分适合让"小老师"自主学习和上课。

## 二、"大老师"与"小老师"一起备课，"小老师"与组员一起备课

"小老师"一般是各学习小组的组长。课题由科代表指定或由"小老师"自己抽签决定。我把"小老师"集中在一起备课。告诉学生教学重点、上课的形式、查资料的途径、做课件要注意的事项等。小组长利用课余时间组织组员备课，包括阅读教材、教辅资料，进行教学设计，确定使用怎样的教学手段，分工合作制作课件。例如，在上岳麓版必修三《中国古代艺术长廊》时，文字书法小组一起梳理历史线索。在教学手段方面，他们计划以图文并茂的课件展示文字发展演变的历程，并在黑板上展示板书示意图，还设计了现场请同学上讲台挥毫表演的环节，以及安排同学回家下载与书法有关的视频。各小组为了吸引同学的眼球，想出了很多独特的做法。经过1～2周

的准备基本完成了备课环节。"小老师"还要熟悉自己登台时所要讲的内容。教师在这个过程中要放手，但是不时要通过科代表了解进度，学生如有需要要予以指导，或帮助学生解决资料、设备方面的困难。

选择题的讲评课则需要教师对讲评的程序进行规范，如"该题考的考点是什么""我选择的答案是什么""我的依据是什么""其他的选项错在哪里"。还要教会学生使用规范用语，如"材料中的关键词是""材料前后之间的关系是""唯物史观认为""错误在于以偏概全、因果倒置、不符合材料"等。每个小组负责2～3道题的讲评。负责讲评的学生按照老师教的方法及自己的理解进行备课，可以与小组同学讨论。学生在准备讲评中发挥学习积极性，提高自主学习的能力。"小老师"讲评试题能力的提高，实际就是理解能力的提高，就会推动学生应试能力的提高。

### 三、"小老师"上课，课堂在师生共营下生辉

上展示课一般由历史科代表主持，宣布"小老师"上课开始。学生的创新能力往往是我们始料未及的。课堂异彩纷呈，学生的特长、才能充分得以展示。例如，2014届高二《中国古代科学技术成就》一课中，一个班讲造纸术的两名男生用一张纸变魔术导入新课；另一个班的学生讲完造纸术的发明，教同学们怎么造纸，并展示自己造的纸；讲文字书法、绘画艺术的小组总少不了展示他们自己的墨宝，甚至有当场挥毫表演的。2017届卢纯青、李明慧在介绍中国古代医学成就的时候，演起了"扁鹊见蔡桓公"的小短剧，赢得了满堂彩。2020届高二（7）班招赞同学讲中国古代诗歌发展史的时候，以"月"为题玩起了"飞花令"，课堂气氛非常活跃。学生的板书设计更是让我赞不绝口。他们有的用表格、时间轴、示意图表现发展历程，也有一边讲一边画出司南、指南车、指南针的简笔画，更有用小花苗、小树、大树、高山表达产生、初步发展、进一步发展、高峰等历史发展阶段特点的。由于画得太美，下课了我们都舍不得擦黑板。"小老师"讲完了课，下面学生可以提问，不时也有精彩的提问。例如，当"小老师"展示唐朝绘画时，说道："这些绘画作品具有西域风格。"结果下面的一位学生说："我看不出来，请你说说哪些地方体现西域风格，为什么有这些风格。"有"小老师"介绍唐朝草书的代表人物张旭、怀素，下面的学生就问他："为什么怀素作

为和尚还喝酒、写草书？"“小老师"有时能回答，有时回答不完整，主持人就请其他同学来回答。有一些问题学生、老师都回答不了的，就叫“小老师"回去找资料下次给同学们解释。常常在讲课、质疑、争论中出现一些小高潮，令师生进入非常愉悦的境界。

学生展示课结束后，是老师的总结课。我尽量表扬他们，鼓励他们，也对各个小组没有讲到的内容进行补充，使整个单元的学习更加系统、完善。后续的工作还需要给予小礼物进行奖励。还可以要求每个小组提交一份手抄报，把这次活动的照片、课堂上讲述的主要内容和感悟记录下来，并把各班手抄报收集起来在校园展示。招赞同学的小组在手抄报上写出了他们的感想：“我们小组介绍古代诗歌成就。我们在课前热烈讨论、精心准备，课件内容多姿多彩，有美感和意境。为了使上课气氛活跃，我们设计了游戏——‘飞花令’，效果不错，使我们非常有成就感。当然我们还有一些细节问题不尽如人意，例如老师点评说我们为搞气氛花的时间多了，我们没有设计板书。不过大家共同学习，面对挑战，收获是很多的。"

讲评试卷课不时也有精彩呈现。由“小老师"讲评试题，他们更能体会其他同学需要听什么，错误的原因一般在哪里。其他听讲评的学生，更能大胆提出问题，互相交流的气氛有时会很热烈。在学生的讨论中，教师也能得到启发。学生之间讨论解决不了的问题，教师再进行解释。因为有时年级安排一些零碎时间的小测验，学生测完就自己讲评，教师不在场，有时争论很激烈。第二天我来上课，学生就把他们的困惑告诉我，我们一起讨论问题、解决问题。生生之间、师生之间在交流中共同进步，我们就像高考战场上的战友，增进了感情。“小老师"上课不是老师真的不教了，我们讲的是深化、扩展，讲的是思路和方法。我们是总设计师，学生是课堂的执行者。

让学生当“小老师"可以提高学生的责任心，增强学生自主学习的能力，提高小组合作交流的能力、质疑的能力；促使学生能够在自己的“最近发展区"内获得最大限度的发展。很多过来人的体会是“听进去不如学进去，学进去不如讲出来"。魏书生老师说过："学生讲课，次数适当，安排得法，要比只由老师统治的课堂效果好。"

# 以现代教学理念引领，发挥多媒体课件的独特作用

20世纪90年代是现代化教育技术开始发展的阶段。从教以来我就十分热衷使用现代教育技术辅助教学。为了最大限度激发学生的学习兴趣，幻灯机、录音机、录像机是我课堂的常客，有了计算机多媒体我又成为学校的排头兵。与那个时代的所有教师一样，我们从学打字到学做课件。当时还没有专门的教学软件可以下载，我们摸索着就开始了制作课件。我校在1999年被评为广东省现代教育技术实验学校，我也被评为现代教育技术运用积极分子。我曾撰写如何制作多媒体课件的论文参加《中学历史教学参考》举办的全国论文比赛，在比赛中获得了一等奖。

多媒体教学是在现代教学思想指导下，把传统教学媒体与现代教学媒体组合成为教学媒体群，参与课堂教学全过程，以实现教学的整体优化。我校有一流的现代化技术教育环境，要运用它来为课堂教学服务。当年我们首先需要开发适当的教学软件，而当前完整的多媒体课件可以通过网站下载，很多做课件的素材也比比皆是，但存在的问题越来越突出。

陈洪义老师认为当前历史教师制作的课件存在的主要问题有：就历史教师的教学理念而言，出现企图用课件包办一切的现象；就历史课件的技术而言，出现重技术、轻内容的现象；就历史课件的内容而言，出现内容过于简单或过于复杂两种倾向。如何克服上述的弊端，使多媒体课件成为我们打造精彩课堂的帮手呢？

## 一、多媒体课件应该体现先进的教学理念

使用多媒体课件已成为很多历史教师常规的教学手段。有怎样的教学理念就有怎样的课件。如果课件只是课本、教参和练习册的"大搬家"，如果课件是密密麻麻的文字材料、大量的图片堆砌，实际上是对学生的电子灌输。旧的教学模式过分强调行为主义，认为学习就是刺激和反应。人本主义理论家罗杰斯认为："学习不是机械的刺激和反应之间的联结的总和。"我们带着灌输的观念制作的课件就会增加学生的学习负担，抑制学生的想象力和创新力。

建构主义的教学观认为："在建构主义环境下，对教师而言，知识不再是讲授的内容，而是学生主动构建意义的对象；媒体也不再是帮助教师传授知识的手段、方法，而是用来创设情境、进行协作式学习和会话交流，即作为学生主动学习、协作式探究的认知工具。"历史教育关注生命发展，它的一个主要任务是使学生从历史中学会思考、生成智慧、生成正确的人生观与价值观。因此，历史学科的课堂应该是合作性学习、探究式学习的课堂。学生是学习的主体，教师是引领者。课件制作就要适合历史学科的这些特点，为教师实现有生命的课堂服务。

我们应该是先有了初步的教学设计，再做课件，在备课中使两者相结合。上课的时候又要使教师的讲述、学生的活动与课件紧密结合，这样才能上出一节好课。"拿来主义"照搬别人的课件，上课容易与课件脱节，教师的课上不好，课件会变成哗众取宠的装饰。

要贯彻以生为本的理念，我们还要审视课件的容量是否太大，字体是否太小，色彩是否朦胧或耀眼。心里装着学生，制作的课件才能既符合历史教学新理念，又符合学生的需要。

## 二、发挥课件创设历史情境的独特优势

课件的作用很多，如果我们仅仅用它代替我们板书就是极大的浪费，在历史课中课件最大的优势是可以帮助我们创设历史情境。我们激发学生的学习积极性，帮助学生探究历史问题，都离不开历史情境的创设。

**1. 作为新课导入，激发学生学习兴趣的课件设计**

例如，必修一《古代希腊民主政治》，把一则史料展示在课件上。

材料：一个与伯利克里斯同时代的人曾写道："假如你未见过雅典，你是一个笨蛋；假如你见到雅典而不狂喜，你是一头蠢驴；假如你自愿把雅典抛弃，你就是一头骆驼。"

——［苏联］B.C.赛尔格叶夫：《古希腊史》，缪灵珠译，242页

老师：这则材料反映了当时的人对雅典的态度，我们不得不心生好奇：雅典魅力何在？就让我们一起走进历史，去探究雅典的魅力。

例如，必修一《英国代议制的确立和完善》，把央视的影片《大国崛起》第三集介绍英国的部分截取两分钟小视频，插入课件中播放。解说词："……它是第一个迈进现代社会的国家，在18世纪和19世纪的时候它是世界发展的领头羊。自豪的英国人曾经以'日不落帝国'来形容自己的国家，因为在19世纪末的时候，它的殖民地遍及亚洲、非洲、美洲、大洋洲所有大陆板块，总面积达930万平方公里，统治着世界上3亿多的人口。究竟是什么原因，让这个原本在海洋中安详漂荡的小岛，孕育了超凡的能量，改变了自己，也影响了世界呢？"

又如，必修一《美国1787年宪法》一课，展示几张美国独立战争的图片，然后定格在一张费城会议的图片上。老师："有人说，美国摆脱英国独立是靠枪杆子里出政权。而真正意义上的美利坚合众国是在伟大的争吵中诞生的。这是怎么回事呢？"

通过在课件上补充史料、播放视频、展示图片，可以起到引人入胜的作用。这是靠我们一张嘴、一支粉笔无法做到的。

**2. 为探究问题而创设情境的课件设计**

探究教学是以启发学生的思维为核心，调动学生的学习主动性和积极性，促使他们生动活泼地探讨问题的一种教学。在探究教学中，历史情境是探究活动开展的前提。课件中展示的文字、图片、视频等材料可以激发学生的学习兴趣，更重要的是为学生提供探究的素材，使学生可以据材料及所学知识得出结论。

例如，在讲授必修一《罗马人的法律》一课时，我要组织学生小组合作探究古罗马法律的特点，就需要引导学生阅读古代罗马法律的具体案例。从

案例中推理出法律的特点及意义。我收集罗马法律的一些案例放在课件上，创设古罗马法庭的历史情境，学生通过阅读文字、图片资料可以分析问题、解决问题。又如，为了探究"为什么中华人民共和国成立初期能够以独立自主的姿态步入国际舞台"，我在课件中插入《新中国的外交风云》一段视频，展示周恩来总理在万隆会议、日内瓦会议的活动，把学生带入历史情境中。然后学生结合视频资料和课本的知识讨论得出答案。在这个过程中课件为探究问题搭建了平台。

多媒体课件既体现了我们的电脑技术，又体现了我们的教学理念，甚至体现了我们的美学修养。我们教师要学会制作并善用多媒体课件，多媒体课件不仅可以成为我们精彩课堂的好帮手，也可以激发学生的学习积极性。

# 以爱和智慧激发学困生的学习积极性

从教30年，我担任16年的班主任，曾被评为学校十佳班主任。在此期间，我担任了科组长后又做了8年班主任，曾有两次是临时接的后进班，校德育处张惠昆主任戏称我是"救火队员"。校德育处多次安排我为本校和外校的新班主任做培训。德育处曾经给我一个专题，让我与新班主任谈谈学困生的转化问题。我觉得转化学困生是一个难题，也没什么立竿见影的妙招。只能捧着一颗心来，总带着一份期盼去做，在遇见的日子，能用生命感动另一个尚未成熟的生命就不错了。

学困生是指学习成绩暂时落后的学生。学困生一般表现为对学习不感兴趣，学习成绩不理想，自律能力差，上课不注意听讲，作业应付等。几乎普通班里都会有学困生。学困生的转化是教师尤其是班主任的一项重要工作。作为历史教师，我努力以爱心和智慧在我的课堂中帮助学困生。下面谈谈我的一些做法。

## 一、尊重每一名学生，努力营造民主和谐的师生关系

陶行知先生说过："真教育是心心相印的活动，唯独从心里发出来，才能打动心灵的深处。""你的教鞭下有瓦特，你的冷眼里有牛顿，你的讥笑中有爱迪生。你别忙着把他们赶跑。你可不要等到坐火轮、点电灯、学微积分，才认识他们是你当年的小学生。"这是陶先生爱的教育、平等的教育思想。他要我们建立平等和谐的师生关系，提醒我们不轻视任何一名学生，应充分尊重和热爱每一名学生。你若一言一行都有爱，渐渐地，学生也会热爱你进而热爱学习。

我曾经带的高一一名姓方的男生，无心向学，迟到旷课，上课睡觉，

顶撞父母。父母心急如焚，但是无计可施，经常求救于班主任。我首先了解了他的家庭情况，得知他是独生子，父母都是干部，经常出差，工作十分繁忙。他们的家族出了许多的名校大学生，父母望子成龙，从小对他寄予厚望，经常因他的成绩或表现感到很没面子。小方因此与他们经常发生争执，跑到外面一两天不回家。了解到这种情况，我常常主动与他聊天，聊他喜欢的NBA。在路上见到他主动跟他打招呼，请他吃快餐，尽量跟他做朋友。在周记里给他的评语尽量激励他、表扬他，如他的字写得好，他在班上朋友多、人缘好等。一次发回周记本，他的同桌看到小方的周记，好奇我的评语比他的周记还长，就拿来大声读："小方同学今天你又迟到了，我不怪你，因为爸爸妈妈下乡不在家，你自己在家，你的自理能力是全班同学中最强的……"全班同学听我在周记中称他小方，"轰"的一声笑起来；听到我不但不批评他迟到还表扬他的自理能力，全班同学鼓起掌来。小方的脸红到了脖子。同学们争相拿他的周记本来看，"小方"就此成为他的爱称，直到高中毕业。就这样我们成了朋友。一次他因成绩不理想又与父母争执起来，饭也不吃就跑出去了。不过他还是回到了学校，我跟他谈心，希望他体谅父母的难处。他不愿意回家，我就把他领回我家里，住了一晚才回去。高二分班了，他没有分到我做班主任的班，他自己跑到老校长的办公室，说如果不在黄老师的班他就退学。校长问为什么，他说黄老师从来不会看不起学困生。好说歹说终于校长同意了调班，我永远记得他抬着自己的座椅进入我班教室时一脸胜利的表情。后来的两年他的成绩一样还是不理想，迟到、上课睡觉、与父母关系紧张的现象也没有完全消失。但是他愿意为了黄老师的集体荣誉努力克制自己，我一直没有放弃他和班上任何一名所谓的差生。后来小方考上了警校，现在是一名人民警察。

学生的成长需要的是理解和关爱，在这个过程中教师不要计较得失，特别是流动红旗、先进班，会因为这些所谓的差生拖后腿而失去，但我们得到的是学生的信任和爱戴。这是我们付出而得到的回报，也是我们作为教师的另类奖状。

## 二、创设宽松和谐的教学氛围，为学困生的成长提供沃土

一讲到学困生转化，我们就想到个别谈话、个别辅导。实际上大部分教

师还是要在自己的课堂中帮助学困生。著名语文教育家于漪老师说："三尺讲台，是联系着学生的生命的，你讲什么，教什么，传授什么知识，培养怎样的能力，给予怎样的思想熏陶，给予什么价值观，将来都会反馈给你……教师的每一节课都会影响学生的生命质量。"

首先，在课堂教学中，我们要千方百计地想办法消除学生对教师的畏惧感。学困生在课堂中是最缺乏自信的，因为教学过程是一个多向的互动过程，学习成绩差的学生最怕老师提问和与同学交流。我们要创设宽松和谐的教学氛围。在教师与学生一问一答的交流中，我们的眼神、我们的语气，要多鼓励、多肯定，少责备，更不能讥讽。设计一些课堂活动使教师与学生以同样的好奇心、同样的兴趣、同样的激情、同样的行为参与其中，让课堂成为师生心灵交融、情感呼应的园地，顺利完成教学的任务。作为一位历史教师，我在课堂中想办法让更多的学生参与其中。例如，表演式教学，设计一些历史小场景让学生进行角色扮演，小组合作探究让学生畅所欲言，将主题班会课设计为活动课，有学生演讲、演小品、上黑板画漫画、写卡片"老师，我想对你说……"、包饺子、包粽子等活动。这些环节尽量由学生主持、参与策划，让更多的学生有机会展示自己。在上历史课或者班会课时，作为教学设计者，我们的心里要装着这些学生，特别是学困生。他们在我们设计的课程中有参与机会吗？这样的设计适合他们的需要吗？能帮助到他们吗？这样多问几个为什么，我们的教学效果就会大不一样。学生课堂参与率的高低直接影响到学习效率的高低，影响着教师课堂教学效率的高低。对于自学能力差、不自觉的学困生更是如此。因此，教师应采用多种灵活的教学方法、多种教学手段，充分调动学生的学习积极性，使学生全面参与到课堂教学中。

良好的班级氛围，是学生成长的沃土。在课堂学习活动中，学生感受到集体的力量、榜样的力量，对他们的成长是非常重要的。他们在这里结交朋友，一起经历喜怒哀乐，他们就不愿意离开这个集体，他们就愿意为这个集体出一份力。有了向心力，思想就会在无形中转变，学科教学与德育就会实现无痕融合。

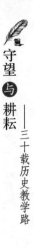

### 三、发挥艺术特长生的优势，为历史课增添光彩，为学困生树立信心

文科班里总有不少艺术生，他们有自己的专业要学习，文化课成绩大多不太好。他们上课的时候总是提不起劲，缺乏自信心或者持有无所谓的态度，这就越发影响他们学习成绩的提高。作为历史教师，我通过让这些特长生参与我的课堂教学来激发他们的学习积极性。

例如，在上历史必修三《古代中国的科学技术与文学艺术》时，我把几个小课题安排给特长生去上课。《中国古代的绘画与书法》由几名美术生按照课本的内容备课，向全班同学介绍古代的绘画类型、特点、代表作。同时，让他们提前临摹或创作山水画、人物画，在课堂上向同学们展示自己的作品，结合教材的内容介绍自己作品的特点，分享自己学画的经历和感悟。学书法的学生则展示自己的书法作品，结合教材介绍不同时期书法的类型及特点。我在讲解中国古代数学成就时，安排一名美术生当我的助手，我讲到"数学的萌芽阶段"时，他在黑板低处画出两片叶芽并写出朝代、成就，我讲到"初步发展"时他画一棵小树并写出朝代、成就；我讲到"进一步发展"时，他画出一棵大树并写出朝代、成就；我讲到"高峰"时，他就在黑板最高处画一座高山，标出朝代及成就。这样形成了非常美丽、直观的中国古代数学成就历程图。由于充分调动了学生的积极性，有了更亲密的师生关系，学生相对来说更愿意学习历史学科，学习成绩也就会得到提高。

多元智能理论认为人类至少具有八项智能。作为教师，应该从多方面观察、评价和分析学生的优缺点，要善于发掘学生的特长，促进学生的成长。特级教师陈洪义认为，班主任要做一个学生优点的发现者。教育的过程是一个发现的过程，一位优秀的教师就是一个优秀的发现者，他不仅要善于发现学生的优点，还要引导学生发现自己的潜能。学生受到了尊重，师生的心理距离便拉近了，教育过程中的对立情绪便消除了，教育便成为有效的教育。

以平等民主的思想为前提，以宽松和谐的环境为沃土，以特长展示激发信心，是帮助学困生提高学习积极性的途径。陶行知先生说："人像树木一样，要使他们尽量长上去，不能勉强都长得一样高，应当是：立脚点上求平等，于出头处谋自由。"愿我们一起追求做有爱心有智慧的良师。

第二章

辛苦并快乐着的日子

——为高考而战

　　每一位带过高三的教师都有着刻骨铭心的备考经历。我们研究高考，努力上好每一节课，总结方法规律指导学生答题拿高分，激情满怀为每名学生加油鼓劲。学生上大学去了，我们回到原点开始新一轮的战斗。40年间我国高考不断改革，但不管如何变化，教师的情怀不改变。

　　1998届考上中国人民大学的肖莹同学历史成绩一直非常优秀，她在送给我的明信片上写道："感谢您充满激情的讲述让我一直对历史保持浓厚的兴趣。"2007年所教的高三（20）班有2名同学考取北京大学，有3名同学历史单科进入全省前100名。其中的杨婉婷同学在大一的寒假来我家探望时说："老师，您做过我的班主任，教了我三年的历史，我常被您的用心感动。这是我和我妈妈一起挑选的围巾，希望您喜欢！"2018届林易华同学天真地说："老师，您的答题方法总结对我帮助很大，为什么我在其他教辅资料书上都看不到，您为什么不把这些写出来？"谢谢孩子们！教师的价值存在于学生心目中。

　　胡军哲老师把学生视为生命中的贵人。正是这些贵人时时推动着教师不断前进的步伐，不敢以为自己真有了那"一桶水"。于漪老师认为教师"一桶水"和学生的"一杯水"的比喻不一定是恰当的。教师的这桶"水"是否陈腐，是否有污染呢？知识会老化，知识结构需要更新。当然，在变中总有安身立命的法宝。

# 深入挖掘教材，培养学生的历史思维能力

高考命题给教师一个最直接的挑战就是，高考的内容或观点常常会超越课本或者有与课本观点不一致的地方。

（2013年全国I卷文综30）1928年中共六大通过的《政治议决案》指出：各省自发的农民游击战争，只有和"无产阶级的城市的新的革命高潮相联结起来"，才可能变成"全国胜利的民众暴动的出发点"。这反映了当时中共中央（B）。

A. 主张走农村包围城市的革命道路

B. 坚持以城市为中心的革命模式

C. 重视农民战争与城市暴动的结合

D. 认为农民阶级是取得革命胜利的主导

本题答案选的是B，而学生大多选了A或C。因为课本讲1927年9月毛泽东创建了井冈山革命根据地，从此开辟了农村包围城市的道路。所以许多学生犯了先入为主的错误。实际上此时的中共中央仍坚持苏俄的城市中心论，但是课本没讲。据教育部考试中心当年的数据分析，该题的难度系数是0.216，属于难题。

由于高考的知识偏离课本，有学生抱怨说："老师教的高考基本都没考，高考考的老师基本都没教！"黄牧航教授在《追寻历史的真实意义》一文中说："教科书只是历史知识的载体，并非课程知识本身。当我们在教学中不断地把历史知识浓缩化、概念化、公式化甚至口号化，学生把教科书的表述视为历史的真实，把背诵教科书视为学好历史的不二法门时，真实的历史知识就离学生越来越远了。"面对高考新的命题特点，要求历史教师从"教教材"到"用教材"转变，教学要源于教材又要高于教材。善于挖掘教

材，培养学生的历史思维能力，是应对高考的重要途径。

## 一、挖掘教材知识的深度，培养学生的探究精神和分析问题的能力

20世纪90年代曾听过人大附中李晓风老师的讲座。他特别注重对课本知识的深度挖掘，他举例说明：讲春秋战国的商业发展，课本描述就只有几句话，老师就要补充说明当时诸侯国之间商品交易的特点是什么，为什么当时交易呈现这些特点，反映了怎样的时代特征，有何影响等。当时听到李老师这样教历史，我这个新手怔住了。这需要怎样的知识储备啊！不过这也确实引导了我后来的教学方向。

1999年，我参加学校举办的青年教师上课比赛，取得全校第一名的好成绩，后又被市教研员李斌老师安排在湛江市历史教研会上进行展示。我所上的《五四爱国运动》一课，对教材进行了深度的挖掘，提出了一系列的问题进行探究学习：为什么说五四运动的爆发是必然的？为什么无产阶级在运动中登上了历史舞台，有何意义？为什么北洋军阀外交代表团无法在巴黎和会收回权益，说明了什么？为什么李大钊、陈独秀等知识分子选择了马克思主义？为什么五四运动标志着新民主主义的开端？等等。我采用问题教学法，一步步引领学生回到历史现场，深度探讨问题。这一课例在当年以创新和学科思维的培养意识得到大家的认可。

教师挖掘课本的深度，首先要进行深入细致的备课、广泛的阅读。例如，讲授《明清君主专制的加强》一课中"内阁制的形成"，按照课本教师需要讲述内阁制产生的原因、历程、职权及影响。为了生动，更为了说明内阁制产生的原因，可以补充朱元璋与宰相胡惟庸的斗争故事。为了理解课本的结论"明朝内阁始终不是法定的中央一级的行政机构或决策机构，只是为皇帝提供顾问的内侍机构"，可以补充明神宗与张居正、明禧宗与魏忠贤的故事。为了深度挖掘内阁制的内涵，则需要补充"票拟""批红"的相关史料。甚至提出与课本不同的史学新观点："有学者认为，明代皇帝的批红权原则上不可超越票拟而径自为之，票拟则经过批红而成为行政命令。内阁对皇权有一定制约作用。"为了拓展学生的思维，还可以进行古今比较、中外比较，如"比较宰相制与内阁制的异同""比较中国明代与近代英国内阁制

的不同"。为了培养学生的大历史视角，可以推荐学生阅读黄仁宇的《万历十五年》等。在这些例子当中有史实性的挖掘、结论性的挖掘及思维方法的拓展，目的是为了训练学生既学会阅读课本又超越课本，学会自己提出问题，进而想办法解决问题的能力。这样激发了学生思维的积极性，使他们的能力更接近高考的要求。

## 二、拓展教材知识的广度，培养学生总体把握历史的能力

课本在论述历史发展历程的时候，不可能面面俱到，而高考往往需要我们把握历史的前世、今生、后世。例如，关于"专制主义中央集权"，课本重点学习的是秦朝的开创到明清的空前加强。高考试题将前后两头延伸到战国中央集权的萌芽和晚清中央集权的危机。

例1：（2013年全国Ⅰ卷24）在周代分封制下，墓葬有严格的等级规定。考古显示，战国时期，秦国地区君王墓葬规模宏大，其余墓葬无明显等级差别，在经济发达的东方六国地区，君王、卿大夫、士的墓葬等级差别明显。这表明（ C ）。

A. 经济发展是分封制度得以维系的关键

B. 分封制中的等级规定凸显了君主集权

C. 秦国率先消除分封体制走向集权统治

D. 东方六国仍严格遵行西周的分封制度

例2：（2011年全国Ⅰ卷31）1900年6月21日，清政府颁布"向各国宣战懿旨"。6月26日，两江总督刘坤一、湖广总督张之洞等与列强驻上海领事商定《东南保护约款》，规定"上海租界归各国共同保护，长江及苏、杭内地均归各督抚保护，两不相扰，以保中外商民人民产业为主"。这表明（ B ）。

A. 列强在华势力受到有效遏制

B. 清政府中央集权面临危机

C. 地方实力派成为列强代理人

D. 地方势力与朝廷分庭抗礼

高考题的命题特点给我们的启发是，在课堂教学中要拓展课本知识的广度。我在讲授"中国古代选官制度"时，对于"士人阶层"的发展演变进行了挖掘，春秋战国"士阶层崛起"，西汉"士大夫集团形成"，"唐宋士大

夫集团发展壮大"，"明清士大夫集团衰落"。教师不但要补充历史发展脉络，还需要通过补充史料引导学生分析不同阶段发展特点的原因、影响。培养学生追本溯源的探究精神，也培养学生史论结合、论从史出的能力。

挖掘课本知识的广度还可以通过同类事件的比较来进行。我们引导学生在阅读课本的时候，可以进行古今中外联想，有没有同类的事物，有的话可以列举出来。然后比较异同。历史的比较能力是指在历史思维过程中，对历史现象、历史事件和历史人物进行比较，找出异同，发现本质，探寻历史发展规律的能力。它既是归纳、概括、综合、评价等更高思维能力的基础，又是提高学生记忆能力的重要手段。历史高考试题中考学生比较能力的试题每年均占有相当大的比例。因此，必须重视学生比较能力的培养，鼓励学生阅读课本的时候找出更多的可比较点。什么是可比较点呢？

第一类是不同事件比较异同。学生要将两则不同史料反映的事件进行比对，发现二者的一致性或对立之处，并对此进行深入思考和意义建构，揭示本质，得出结论，提升理性认识的层次。例如，比较中国洋务运动与日本明治维新的异同、宋代商业革命与近代欧洲商业革命。2016年全国Ⅰ卷41题考查了法国大革命时期民族主义与孙中山民族主义的异同。

第二类是同一事件不同阶段的比较。指导学生在同一事件的演进中发现问题，深化认识，特别是从历史事件的演进中找寻规律和趋向。还要探究在历史演进的"节点处"事件发生变动的因素，并在此基础上深究其影响、启示，上升到历史认识的高度。例如，晚清政府开放通商口岸与现代对外开放的比较异同、近代中国学习西学不同时期的比较异同。2018年全国高考Ⅰ卷41题考查了宋朝"乡约"到清朝"乡约"的发展变化。

### 三、挖掘课本知识的新角度，培养学生多角度看问题的能力

多角度看问题，既是历史研究应该遵循的重要原则，也是历史教学应该追求的重要目标。历年高考题都有考查学生多角度论证历史观点的题目，而教材的观点一般较为单一。这就需要教师注意挖掘教材知识新的角度，培养学生多角度看问题的能力。

第一类是观点立场多角度。

（2010年江苏卷22）近代以来，辛亥革命在中国社会发展进程中具有某

种标志性的意义，其对中华文明的贡献是多方面的，人们对它的认识也因角度的不同出现多种说法。美国学者费正清在《剑桥中国晚清史》中对辛亥革命的界定提到两种说法。第一种将辛亥革命理解为1911年秋至1912年春发生的一系列事件；第二种把辛亥革命理解为20世纪社会革命中的1900—1913年阶段。

请回答：（1）第一种说法主要是从哪一方面审视辛亥革命？列举相关史实加以说明。

（2）结合社会思想和社会生活方面的变革对第二种说法加以说明。

（3）运用上述视角认识五四运动的影响。

答案：（1）政治革命。武昌起义、"中华民国"的成立、《"中华民国"临时约法》的颁布。

（2）民主共和的观念逐渐传播并深入人心；剪辫易服和废止缠足等社会习俗的变革之风初开。

（3）新民主主义革命的开端；思想解放运动或马克思主义的广泛传播；新文化对社会习俗的变革产生重大影响。

本题引入学术界对辛亥革命的两种界定，使试题具有很强的探究性，也有一定的创新性。关于对辛亥革命的界定，有许多学者认为辛亥革命固然是一个政治事件，但它涉及广泛而复杂的社会变动。我们的教学可以通过学术引领培养学生历史思维的开拓性和深刻性。

例如，对于欧洲中世纪，传统观点认为"中世纪是黑暗的"。在上《文艺复兴》一课的"文艺复兴的背景"一目时，我补充材料说明中世纪的天主教会在保存文化、大学建立、人才培养方面的贡献，改变过去"中世纪就是黑暗时代"的单一视角。在教学"文艺复兴的影响"一目时，我从政治、经济、思想、文化教育等角度补充材料说明它的多方面的影响。其中，引用李宏图先生的《论近代西欧民族主义和民族国家》的论述，说明文艺复兴有利于民族国家意识的产生。在上《宗教改革》一课的"宗教改革的影响"一目时，我提出了一个观点供学生讨论："宗教改革是否推动了自然科学的发展？"有学生认为宗教改革是在宗教内部的改革，人们仍然信奉上帝，不利于自然科学的发展。有学生认为宗教改革推动人文主义的发展，是思想解放运动，所以有利于人们探究自然，推动自然科学的发展。学生讨论后，我展示了从一些专著、论文中摘抄的观点，通过史料阅读论证了"宗教改革推动了自然科学的发展"。这些新的角度在中学课本中没有提到，但我们通过史料阅读可以拓展学生的视野，培养学生提取信息、解读信息的能力，也培养了史料实证的历史学科核心素养。

第二类是史观多角度。例如，新航路开辟、鸦片战争、洋务运动、辛亥革命等，在上课时我们不能止步于解读课本的观点。教师要通过不同的史观介绍，多角度评价得出不同的结论。例如，2011年全国卷课标41题"西方崛起"小论文题，涉及"欧洲中心论"和全球史观；2012年全国卷课标41题"冲击—反应"小论文题，涉及内因决定外因的唯物史观和外因决定论。这需要我们引导学生运用全球史观、唯物史观分析问题，培养学生历史解释的学科核心素养。

第三类是时代多角度。对洋务运动、孔子、曹操等在不同时代有不同的看法。例如，2013年广东卷39题"对洋务运动评价发生变化的原因"；2010年课标47题"指出陈寿、朱熹对曹操的不同态度及原因""概括指出郭沫若评价曹操的标准"。这说明对历史事物的评价具有时代性。引导学生评价事物要放在特定的历史时期，客观、全面地进行评价。

为什么同一历史事件会有不同的解释呢？上海2014年高考历史第15题就很好地进行了解释和举例说明：

对于同一个历史事实，往往由于视角、史料的差异而产生不一样的解释。下列选项中，由于新史料的发现而导致不同解释的是（ D ）

A. 哥伦布到达美洲被称为"发现新大陆"，也被称为"文明的相遇"

B. 魏晋南北朝被称为"分裂的时代"，也被视为"思想的自由时代"

C. 欧洲中世纪被称作"黑暗的时代"，也被视为"田园牧歌的时代"

D. 商朝一度被认为是"传说中的时代"，也被认为是"信史时代"

解析：20世纪90年代，中国启动了夏商周断代工程。该工程作为"九五"国家重点科技攻关项目于1996年5月16日正式启动，到2000年9月15日通过国家验收。2000年11月9日，夏商周断代工程正式公布了《夏商周年表》。经过广大史学工作者的不懈努力，通过对大量考古发现的研究，使人们对夏商周三代的起讫年代有了明确的认识，确定了这三个朝代在中国历史上实实在在地存在。这一成果使夏商周从"传说"时代，一跃转变为有据可查的真实历史时代，即"信史时代"。故应选D。

　　高考题的命题特点给我们的高考复习指明了方向。有教师说："历史教学年年难教年年教。"要培养学生的思维能力和学科素养，首先教师自身要不断加强历史理论学习，增加史学阅读，加强史学素养，才能培养有见识有素养的学生。何成刚先生认为："提高历史教师的史学素养，最重要的途径，就是要重视和加强史学阅读，努力做到密切关注史学的最新发展，广泛汲取史学研究成果，及时了解史学界关于相关历史教学的新观点、新论述、新材料，基于高中历史课程标准、历史教科书和学生的实际情况，将史学研究成果、优质史学资源与历史教学进行深度融合。这一点，实事求是地说，恰恰是目前中学历史课堂教学和历史老师专业发展过程中最欠缺的。"为了学生的高考，我们学无止境。

# 历史阶段特征教学中的能力培养

认识历史发展的阶段性和阶段特征是历史学科的基本要求。2017年版课标要求："知道特定的史事是与特定的时间和空间相联系的；知道划分历史时间与空间的多种方式，并能够运用这些方式叙述过去；能够按照时间顺序和空间要素，建构历史事件、历史人物、历史现象之间的相互关联；能够在不同的时空框架下对史事作出合理解释；在认识现实社会时，能够将认识的对象置于具体的时空条件下考查。"这是对时空观念这一历史核心素养的具体目标要求。培养学生的时空观念，阶段特征教学是重要的途径。

全国卷高考题中考查阶段特征的题目比比皆是。首都师范大学张汉林老师在教师继续教育培训中说道："应该把握事物不同阶段的特征，历史特征就是纲，是解释历史的重要方法，以小见大的题目、反映特征性的题目很常见，几乎每套题都是如此。历史题目如果不反映历史特征，不是成功的题目。抓住历史特征就是'株'，就能碰见兔子。"由此可见，不懂得历史发展进程中的阶段性和阶段特征，就不能从不同角度、不同层次去分析历史，就不会懂得历史现象和历史进程为什么会是这样的而不是那样的。因此，掌握阶段特征，对于提高分析问题和解决问题的能力，是至关重要的。

什么是历史阶段特征呢？概括起来就是人类社会发展的各个不同时期和每个时期的不同阶段在政治制度、经济发展、阶级关系、国际关系、思想文化等领域呈现的带有普遍性的基本特点。可理解为重大历史事件的起因、性质、后果、影响，给一个时代打上了自己的烙印，使这个时代具有一定的特征。

## 一、明确历史阶段划分的依据，培养学生史观运用的能力

历史发展过程是从量变到质变的过程。当量变的变化积累到一定程度

时，便会产生质的飞跃，于是历史就由旧阶段发展到新阶段了。历史发生质变时，往往会发生突出的重大事件，这种事件可以作为阶段划分的标志。在进行历史阶段特征教学时，应引导学生紧紧抓住这些具有标志性意义的重大历史事件。如果一个阶段重大事件很多，又应该如何界定某一历史事件是否是标志性的呢？这就需要传授给学生不同的史观。

2004年新课改前，以传统方法划分，历史阶段的划分较为单一。例如，传统上把中国近代史分为旧民主主义革命时期和新民主主义革命时期。这是以革命史观来划分的。"革命史范式"的理论基础，是马克思主义关于社会基本矛盾的学说。根据这一学说，在阶级社会里，两大对立阶级之间的矛盾，最集中地反映了该社会发展阶段的基本矛盾，考查和研究阶级矛盾、社会基本矛盾的运动发展，便能把握住历史发展最本质的内涵，揭示历史发展的内在规律性。

2004年新课标使用后，在新史观指导下，历史阶段的划分就更加丰富多元了。

例1：现代化史观认为，人类社会近现代的历史是从农业社会向工业社会演进的历史，即现代化的历史。现代化包括经济、政治、文化、社会生活现代化。经济现代化主要是工业现代化和农业现代化。政治现代化的主要内容是民主化和法治化。现代化进程一般指在生产力发展和科学技术进步推动下，人类社会从传统农业社会向现代工业社会转变的历史过程，主要包括经济、政治、社会、文化等方面的发展和转变。

据现代化史观划分中国近代史的阶段：第一阶段，中国近代化的开端（1840—1894）；第二阶段，中国近代化探索发展时期（1894—1912）；第三阶段，中国近代的曲折发展时期（1912—1949）。

例2：全球史观是将人类社会的历史作为一个整体来看待，又称为整体史观。它从世界历史的整体发展和统一性方面考查历史，认为人类历史由各地区间的相互闭塞到逐步开放，由彼此分散到逐步联系密切，终于发展成为整体的世界历史的客观过程。新航路开辟以后，世界进入整体发展阶段。19世纪中后期，世界初步成为一个整体。19世纪末到20世纪初，世界成为一个不可分割的整体。当代世界整体化全球化趋势加强。人类的交往加强了世界的横向联系，促进了整体化的发展。

据全球史观划分世界现代史的阶段：第一阶段，工场手工业时期的世界和中国（14世纪到18世纪中期）；第二阶段，蒸汽机时代的世界和中国（18世纪中期到19世纪中期）；第三阶段，电气时代的世界和中国（19世纪中后期到20世纪20年代）。

阶段特征复习一般安排在二轮复习中进行。一开始可以指导学生阅读教材的目录，以史观引导学生列举出古今中外阶段的划分及包括的章节。知道了阶段特征的划分是什么，并进一步知道为何如此划分，才能适应高考的要求。2011年广东高考38题材料三：20世纪60年代以来我国出版的世界通史教材，对世界近现代史的分期先后出现两种主要做法：①近代史开始于1640年，现代史开始于1917年；②近代史开始于1500年前后，现代史开始于1900年前后。问题：任选材料三中的一种分期方法，分析其史实依据。（答案：①1640年的英国资产阶级革命开启了资本主义的新时代。1917年的俄国十月革命建立了世界上第一个无产阶级领导的社会主义国家。②1500年前后，新航路开辟，世界从分散孤立走向统一。1900年前后，第二次工业革命推动资本主义世界体系最终形成。）

该题实际上考查的是标志性的史实列举及史论结合解释观点的能力，分别体现了革命史观与全球史观。

2014年全国Ⅱ卷41题要求：比较两份目录并结合所学知识，指出其中一处不同，并分析出现这种不同的原因。该题实际上考查的是运用史观发现问题的能力，从A目录可知是根据革命史观编的教材；B目录是根据全球史观编的教材。该题还要求学生分析教材不同的原因，实际上考查的是结合阶段特征分析历史现象的能力，也体现了唯物史观、全球史观引导下的历史解释的核心素养。

## 二、形成历史阶段的知识框架结构，培养学生的宏观思维能力

每个阶段的特征是什么，教材本身对它们的表述不一定很明确，或零散，或隐现于字里行间。我们要用好教材每一单元的引言，结合教材内容，搭建起阶段的框架。例如，中国古代史各时期可以从政治、经济、思想文化、民族关系、对外关系等方面来搭建；中国近代史我们可以从政治、经济、思想文化、国际背景等方面去构建，然后让学生自己动手把零散的知识

组合起来，形成完整的各阶段特征，再总结出总体的特征。例如，隋唐阶段特征见下表。

### 隋唐阶段特征表

| 政治 | 国家统一，疆域辽阔，社会安定，政治清明。中国古代政治制度的成熟时期，是封建国家繁荣和统一的多民族国家重要的发展时期。实行开明的民族政策与对外政策，对外交往盛况空前 |
|---|---|
| 经济 | 农耕经济成熟。交通发达，农业发展和手工业商业的繁荣，经济中心逐渐南移。海上丝绸之路兴盛，封建经济的全面繁荣 |
| 思想文化 | 文学艺术全面繁荣，兼收并蓄；科技领先；中华文化圈正式形成 |
| 总特征 | 封建社会繁荣和统一的多民族国家的发展，中华文明的鼎盛，世界领先 |

学生有了历史阶段的知识框架为储备，只要结合材料及相应时期的阶段特征，在题目作答时就不会束手无策或犯角度单一的错误。

例：（2016年全国Ⅰ卷48）材料　随着唐朝的发展，由少数民族将士组成的"蕃兵""蕃将"，成为唐朝开边拓土的重要力量。高丽人高仙芝出身于将门之家，唐玄宗开元后期出任安西副都护，镇守西域。天宝六年（747），高仙芝率一万骑兵，历经艰难险阻，长途奔袭阻断西域商路的小勃律（今克什米尔境内），俘其国王。经此一役，"诸胡七十二国皆震慑降附"。

根据材料并结合所学知识，概括高仙芝成为唐朝名将的时代背景。（答案：①强大的综合国力，中外文化交流频繁；②积极的边疆政策；③开放的民族政策与用人政策；④对外贸易繁荣。）

所以，训练学生多角度构建历史阶段特征，形成立体式的思维，就能较好地应对高考题中的"特点""原因""背景"的题型。

### 三、挖掘历史事物不同阶段特征的表现及变化，培养学生历史解释的能力

历史阶段特征的表现有两种明显特点：一是该阶段特有的历史现象，即其特征。例如，春秋战国诸侯争霸，礼崩乐坏；封建土地私有制产生；百家争鸣，思想解放；社会大转型。魏晋南北朝时期北方战乱动荡，南方相对安定，江南开发，门阀士族兴盛。这些都是特有的现象。

2015年全国Ⅱ卷40题"说明孟子与苏格拉底两种法制观念产生的社会背

33

景"，该题主要是结合两人所处时代的阶段特征进行分析就可以得出答案。2014年全国Ⅱ卷45题"根据材料并结合所学知识，概括南朝山泽管理制度改革的背景"。直接从材料及所学魏晋南北朝的阶段特征来组织答案：北方战乱，南方相对稳定，人口南迁；豪强地主抢占山泽，百姓无权享有山泽之利等。

二是其他历史阶段也存在的历史现象，但在性质、影响、发展程度方面发生了变化。例如，中国古代经济重心南移、中国民族资本主义的发展、西方人文主义、资本主义发展等。

例：（2011年海南卷11）英国文学家菲尔丁（1707—1754）描述当时的英国时说："当贵族在与君主进行华丽的竞争时，乡绅们翘首期盼获得贵族那样的地位，而商人们则从柜台后面步出，挤入乡绅空出的行列。"出现这种现象的原因是（ C ）。

A.贵族阶层日趋没落　　　　B.阶级斗争空前加剧

C.商业资本发展迅速　　　　D.产业革命成效显著

解析：资本主义发展是引发社会结构变化的根本原因。从题干的时间1707—1754年可知，当时资本主义发展阶段处于商业资本主义时期，产业革命成就显著则是19世纪资本主义发展的表现，通过阶段特征分析可选择C，排除D。

高考题除考查考生辨别每个时期阶段特征的表现外，考查长时段阶段特征变化的原因也经常出现。例如，2009年全国课标40题分析1978年后"统购统销"变化的特点及原因；2013年全国课标Ⅰ40题"分析指出晚清海洋利用的主要变化及启示"；2017年全国Ⅰ卷27题"玉制器皿"使用阶层的变化。这些题目都需要运用阶段特征及多角度进行历史解释。只有通过专题线索的梳理，认识不同历史时期特征及分析其原因，才能总结出某一种历史现象发生、发展的规律和趋势，并获得相关的历史启示。这就是现今高考的价值目标。

在高三复习当中，我们通过阶段划分及其依据解释，可以培养学生时空观念及运用历史史观的能力；通过构建阶段特征框架结构，可以培养学生的宏观思维能力；通过挖掘每个阶段的表现及特点、变化的原因，可以培养学生历史解释的能力。因此，必须重视历史阶段特征的复习，以适应高考的要求和新课标历史学科核心素养的要求。

# 培养学生"发现问题"能力的复习课例

从2017年开始，高考考纲能力增加"注重考查在唯物史观指导下运用学科思维和学科方法发现问题、分析问题、解决问题的能力"。刘芃在解读2017年考纲时强调"文科学习的核心能力是发现问题并表述清楚"。我执教的一轮复习课"美苏争锋"，以发现问题的视角组织学生进行课堂探究，努力达到高考的能力要求，并对学生进行历史学科核心素养的培养。

## 一、"发现问题"是学生思维的起点和动力

课前：学生完成导学案。导学案第一部分是一张表格，里面的项目包括美苏争霸的原因、表现、影响等基础知识。第二部分是填写学习过程中的疑问：①不明白的问题有哪些？②有哪些感兴趣并想进一步探究的问题？

课堂操作一：课堂上抽查学生的完成情况，与学生一起补充完善表格的空格。

各小组把预习中发现的问题提出来。其中不乏有一定深度的问题，如"为什么苏联作为社会主义国家要推行大国沙文主义""我想了解美苏冷战在文化方面的表现"等。教师在解答问题后，肯定学生发现问题、提出问题的能力与勇气。

（**设计意图**：通过表格的填写完成了基础知识的学习，让学生自己发现问题、提出问题，使学生的学习由被动变主动。虽然大部分学生发现的问题比较浅显，但他们初步的发现为后面探究问题、解决问题打下了良好的基础。因为在引导学生仔细释读教材的过程中，合理地追问或质疑教材是培养学生发现问题能力的有效途径之一。它既能有效地巩固学生对教材基础知识的掌握，又适时地锻炼了他们独立发现问题的能力。）

课堂操作二：教师展示如下材料。

材料：下图是创作于1957年的时政漫画《祝君晚安》。画面上，三位"病人"躺在病床上，他们盖的被子上有"北大西洋集团"的字样，床头的小牌上写着"美国导弹基地"，他们的头上高悬着写有"US"字样的美国巨型导弹。

**时政漫画《祝君晚安》**

设问：提取材料中的两处信息，结合材料及所学的知识予以说明。

题目有一定的难度，让学生叽叽喳喳议论一番，先不提问也不解答，埋下伏笔。导入下一个环节：同学们，我们能够发现材料中的一些问题，但是我们能发现到什么程度，直接影响我们对问题分析、问题解决的程度。

下面我们通过题目的训练，培养我们发现问题的能力。

（**设计意图**：利用漫画这一生动、直观的材料，使学生感知"发现问题"不但包括表面信息，也包括深层次的信息，不但发现信息，还要解读信息。这一类题型在高考全国卷42题多有体现。通过题目设置激发学生的学习兴趣和思维的火花。）

## 二、练就"发现问题"的慧眼

要培养学生发现问题的能力，首先要明白发现什么问题。我认为可以从以下三个维度去训练学生："是什么"（历史的本来面貌）——表现、内容、特点；"为什么"（历史从何处而来）——背景、原因、目的；"怎么样"（历史向何处而去）——影响、作用、认识。还要告诉学生发现问题的方法是仔细观察、分析材料，史论结合推理得出结论。

训练一：下图显示了第二次世界大战后美国对欧洲国家的经济援助状况。仔细观察，你能发现什么信息？

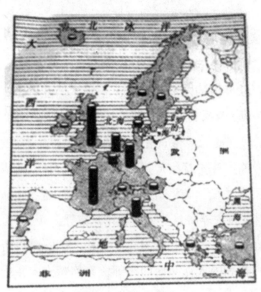

—— 国界　　■ 美国援助的数额
　　　　 ▭ 接受美国援助的国家
**第二次世界大战后美国对欧洲国家的经济援助**

教师讲方法：第一步，根据图例、依照方位（从上到下、从左到右）概括图中表层信息。（是什么）

（1）援助国的分布情况。（学生：主要集中在西欧）

（2）美国给不同国家的援助数额。（学生：英国、法国、西德较多）

（3）没有受援助的国家的分布情况。（学生：东欧没有受援助）

第二步，分析发掘图中隐含的深层次信息：为何如此分布？反映了什么实质问题？（为什么）

生：因为西欧是资本主义国家，东欧是社会主义国家。实质是美苏冷战的表现，是意识形态的对抗。

师：国家利益决定外交。"二战"后的美国推行霸权主义政策，与苏联实行冷战，这时期意识形态成为外交的出发点。展示2011年海南卷21题以进一步说明该观点：

上图显示了第二次世界大战后美国对欧洲国家的经济援助状况。这一状况反映了（ C ）。

  A. 受援国已经成为援助国的经济附庸

  B. 资本主义世界经济国际化空前加强

  C. 意识形态成为能否提供援助的前提

  D. 援助额多寡取决于是否为战时盟国

第三步，对重要信息合理发挥：有何影响？（怎么样）

  生：有利于西欧经济的恢复和发展；稳定了西欧资本主义；有利于美国控制欧洲；使欧洲成为美苏冷战的主要战场，不利于欧洲的安全与稳定。

  （**设计意图**：该题是近年考试说明中的例题1，通过训练使学生明确"发现问题"能力的考查实际是观察问题的能力、透过现象看本质的历史解释能力的考查。高中历史课程标准提出，"所有历史叙述在本质上都是对历史的解释""唯物史观是诸素养得以达成的理论保证"。）

  训练二：下表为中华人民共和国成立初期的国际邮件资费表（部分），表格反映中华人民共和国成立初期国际邮资有何特点？指出其中两种特点并说明形成的历史原因。

### 中华人民共和国成立初期的国际邮件资费表（部分）

| 邮件种类 | 计费单位（每10克） | 邮资（元） |
|---|---|---|
| 航空 | 亚洲各国 | 0.32 |
| | 苏联及东欧民主国家 | 0.48 |
| | 西欧各国（捷克转） | 0.48 |
| | 西欧各国（中国香港转） | 0.80 |
| | 其他各洲 | 0.80 |

  教师：方法指导。"特点"先从表格或文字材料中把表层信息直接提炼出来（是什么），再从总体上分析趋势、挖掘实质等深层次信息（还有什么）。分析特点的原因需要结合阶段特征从政治、经济、国际国内等方面多角度分析。

  学生：小组合作探究—发现表层信息，汇报如下：

  发现一：航空邮件寄到外国去，每10克0.32～0.80元——总体价格低。

  发现二：寄到亚洲各国最便宜。

发现三：寄到苏联及东欧民主国家较便宜。

发现四：同样寄到西欧各国，捷克转比中国香港转要便宜一半。

发现五：西欧各国（中国香港转）及其他各洲价格最贵。

学生：小组合作探究二发现深层次的信息，汇报如下：

特点一：该时期的邮资总体较低。

特点二：苏联及东欧民主国家有特殊地位。

特点三：无法直接寄到欧美资本主义国家，转寄费用高。

特点四：中国香港地位特殊。

学生：小组合作探究三归纳展示上述特点的原因，汇报如下：

政治：冷战、中美关系对抗、两大阵营形成、万隆会议、香港是当时中国的国际通道。

经济：解放初期经济水平低，计划经济，没有形成全球化。

（**设计意图**："特点"题型是学生的短板，学生经常觉得无从下手或漏答要点，失分较多。"形成特点原因"题型需要结合特定的时空多角度回答，由于知识体系不完善，中外关联能力不强，刚进入高三的学生对此类题型也没有把握。通过"发现问题"的方法训练，使学生学会多角度、深层挖掘答题，思维得到训练。这道题改编于多年前的广东高考题，以中华人民共和国成立初"国际邮资"切入，与两极格局下的国际局势联系起来，在"发现问题"能力的训练中，培养了学生的时空观念、史料实证、历史解释等核心素养。）

训练三：学生自主探究，阅读材料，完成下列要求。

材料一：电影《我们热爱的家园》是美国在1950年拍摄的一部宣传马歇尔计划的名作。

影片描述了一个法国小镇的战后生活。最初，在"二战"中被摧毁的小镇难以摆脱战争的痛苦，直到获得美国的财政援助，儿童才回到了学校，工厂才恢复了生产，小镇居民才可以正常地购买食物。

材料二：漫画《美国最新式战车》（1947年发表于苏联某杂志，图中俄文"ЗAEM"意为"财政贷款"）。

仔细阅读及观察材料回答：

（1）两则材料对马歇尔计划的看法有何不同？为什么不同？

（2）你的观点是什么？请说出理由。

**漫画《美国最新式战车》**

（**设计意图**：该训练题是对2015年广东高考题进行的改编，一方面生动的材料和漫画可以引起学生探究的兴趣和积极性，另一方面改编后能力要求有所提高，即对同一历史事件不同的看法，形成批判性思维。此类题型使学生通过互为矛盾的两段历史材料的辨析，认识到由于立场、利益、认识等方面的局限，直接影响着对同一个事件叙述和解释的真实可靠性。学生可以质疑、否定别人的观点，用自己掌握的材料提出自己的观点、说明自己的观点。培养学生反思历史，客观、公正、辩证地评价历史事物的能力。）

最后，布置课后作业。从前面提到的漫画《祝君晚安》中，提取两则信息及予以说明。这是高考42题的题型，也是学生较没有把握的题目。从批改作业情况来看，通过一定的训练，学生具有一定发现问题、分析问题的能力。基本上能从美国方面提取信息一"美国利用强大的军事实力控制欧洲"和信息二"北约内部对美国的控制十分不满"。大多数学生能从美苏冷战、"北约"与"华约"对峙、美国霸权主义的表现说明信息一。从战后欧洲衰落、美国通过马歇尔计划控制欧洲、利用欧洲对抗苏联、使欧洲安全受到威胁等方面说明信息二。优秀的学生还能从后来欧洲一体化角度说明欧洲的出路。

本课例以"发现能力"为训练主题，由浅到深，环环相扣，是对学生的历史思维能力和学科素养培养的较好尝试。本课例获得2017年"一师一优课，一课一名师"活动市级优课。

# 以问题探究为引领，以情怀立人为价值的
# 复习课例

2017年新修订的高中历史课程标准明确提出"以培养和提高学生的历史学科核心素养为目标"，提出了历史学科的五大核心素养。作为一线教师的我们，当前的要务是如何使核心素养"落地"。下面以我执教的高三一轮复习课"甲午战争与民族觉醒"为例谈谈自己的思考与实践。

高考一轮复习到必修一"近代中国民主革命"专题时，我一直思考一个问题"如何更好地贴近高考的要求上好革命史又使学生产生共鸣"。近年高考呈现出许多新特点，上《甲午中日战争》一课时，我根据高考主题立意、注重考查历史学科核心素养的特点，确立了以"民族觉醒"为主题的课题"甲午战争与民族觉醒"。课堂当中以问题探究为引领，以培养家国情怀为价值，打造有灵魂的课堂，实现历史学科的核心素养。教学设计中我以三个大问题为引领：为什么甲午战争成为民族觉醒的开始？甲午战争后民族觉醒的表现是什么？对甲午战争后民族觉醒进行评价。

## 一、以史料导入创设情境，为探究核心问题做铺垫

材料："十年以前……哪知道国家是个什么东西，和我有什么关系呢？到了甲午年，才听见人说有个什么日本国，把我们中国打败了……此时我才晓得，世界上的人，原来是分作一国一国的，此疆彼界，各不相下。我们中国人也是世界万国中之一，我也是中国之一人，我生长到20岁才知道有个国家，才知道国家是全国人民之大家，才知道人人有应当尽力于这大家的大义。"（陈独秀《说国家》1904年）

师：材料反映了甲午战争前后中国人国家意识有何不同？

生：甲午战争以前中国人没有国家观念、不关心国事，甲午战争后才开始有国家意识，认为应当为国家尽力。……

师：为什么甲午战争前中国人没有国家和民族的意识呢？

材料：英军登陆后，大多数时间内中国民众主动向其出售蔬菜、牲畜、粮食。英军舰队在珠江和清军作战时，清朝的老百姓对于统治他们的清朝，没有表现出什么热情。当地民众只是以一种局外人的身份，有如端午看赛龙舟时兴高采烈地在远处观战。（梁发苇《晚清百姓为什么不那么爱国》）

让学生叽叽喳喳一番热议后，我先卖下关子。导入新课：同学们，下面我们以"甲午战争与民族觉醒"为主题，探究近代中华民族觉醒的原因、表现及影响。

（**设计意图**：以生动的史料创设情境，使学生一开始就受到强烈的感染，激发学生的兴趣和积极的思维，也"润物细无声"地渗透了家国情怀的培养。）

## 二、在问题探究引领下打造有灵魂的课堂

教师介绍"民族觉醒"概念的内涵，然后展示两则材料引导学生探究问题。

探究一：结合材料及所学知识，分析甲午战争成为中华民族觉醒开始的原因是什么。

材料一：梁启超曾说："吾国四千余年大梦之唤醒，实自甲午战败，割台湾，偿二百兆以后始也。"历史学家陈旭麓也曾说过："甲午大败成中国之巨祸，中华民族具有群体意义的觉醒也因此开始。"

材料二：老大的清帝国过去虽屡败于西方列强，但这次竟惨败于一向被视为"蕞尔小国"的日本，这彻底粉碎了中国士大夫们的"天朝大国"迷梦。因此，康有为在《上清帝第一书》中说："经此创巨痛深之祸，必当为卧薪尝胆之谋。"

学生：结合材料可知甲午战争对中国的危害十分巨大，败给日本使"天朝大国"的思想受到进一步冲击；结合课本可知，洋务运动无法改变清政府衰败的命运；甲午战争后民族资本主义初步发展；《马关条约》中日本获得

的巨大权益刺激西方对中国的瓜分狂潮；西学东渐的影响；等等。

教师：展示杨宁一教授主编的《历史学习新视野新知识》观点："中国近代史上的民族主义既是我国传统民族主义思想在近代的转型，又是西方近代的民族主义思想在中国的引进，是二者结合的产物。……促使这种传统民族主义向近代民族主义思想转变的原因，是西方的入侵引起的中国人思想观念的变化。"指导学生从唯物史观的角度，发现近代中国社会主要矛盾的变化是决定民族觉醒的根本原因。

教师：请对比分析，鸦片战争中民众麻木的原因是什么？（重新展示梁发苔《晚清百姓为什么不那么爱国》的材料，回应导入时的设问）

学生：清政府腐败、汉族人民与满洲政府的矛盾尖锐、中外民族矛盾还没有上升为中国社会的主要矛盾、小农意识、思想闭塞等。

（**设计意图**：引导学生以史料为依据，以历史理解为基础，对历史事物进行理性分析和客观评判，培养学生历史解释的核心素养。历史解释与史料实证、唯物史观相辅相成，最终指向的是家国情怀的培养。新课标也特别指出，"要避免将核心素养的五个方面机械地分离"。）

探究二：甲午战争后中华民族的觉醒有何表现？

材料：石约翰对《清季外交史料》中的"主权"二字进行统计，发现从1875年至1894年间，"主权"二字仅在每百页出现"一次"，而从甲午之后的1895年起，"主权"二字的出现频率显著增加。

教师："主权"二字的增加反映了什么实质问题？为了这"主权"二字，中国有哪些阶级阶层进行了哪些努力？

学生：实质反映民族危机下民族意识的觉醒。努力：资产阶级维新派兴起救亡图存的变法运动，资产阶级革命派进行推翻清政府的辛亥革命，农民阶级进行义和团运动，资产阶级实业派进行设厂自救、实业救国，清政府实行新政和预备立宪的自救运动。

教师：这一时期民族觉醒是在民族危机加剧刺激下出现的，涉及的阶级阶层较为广泛，进行救亡图存是这个时期的主要目的。

（**设计意图**：通过史料实证的方法分析"主权"一词增加的原因。史料实证指对获得的史料进行辨析，运用可信的史料努力重现历史真实的态度的方法，是诸素养得以达成的必要途径。在此基础上又进一步探究"民族觉醒"的表现，使学生对家国情怀有了进一步的理解，在理解的基础上产生了情感认同。季羡林先生认为中国优秀的民族传统就是家国情怀：一是爱国，二是骨气。民族兴，国家兴；民族衰，国家衰；民族灭，国家灭。家国情怀的核心是国与家相贯通，强调爱家向爱国的纵向提升。在中国文化的生态和脉络下，家国情怀本质上是一种情感认同、价值认同、文化认同及民族认同。这种感情认同，根植于对血缘和亲情的热爱和尊重，在中国社会的发展与转变中，发挥着重要的凝聚人心的功能。）

探究三：对甲午战争后"民族觉醒"的评价。

（1）（2015年江苏高考）结合19世纪末20世纪初相关史实，对"深重的灾难同时又是一种精神上的强击"这一论断加以说明。

（2）"中国问题专家、海关总税务司英国人赫德是这样评价甲午战争之后的中国的：恐怕中国今日离真正的改革还很远。这个硕大无比的巨人有时忽然跳起，哈欠伸腰，我们以为他醒了，准备看他如何做一番伟大事业，但是过了一阵，却看到他又坐了下来，喝一口茶，燃起烟袋，打个哈欠又蒙眬地睡着了。"分析说明这时期民族觉醒有何局限性？为什么？

（设计意图：从积极方面和局限性两方面评价、分析甲午战争后的民族觉醒，指引学生学会历史地、客观地、辩证地评价历史事物，认识历史发展的复杂性和艰巨性。历史课程对"历史解释"的培养目标是：学生能够区分历史叙述中的史实与解释，知道对同一历史事物会有不同解释，并能对各种历史解释加以评析和价值判断；能够客观论述历史事件、历史人物和历史现象，有理有据地表达自己的看法。）

## 三、课堂小结——情感的升华

时空观念是五大核心素养中学科本质的体现。任何历史事物都是在特定的、具体的时间和空间条件下发生的，只有在特定的时空框架当中，才可能对史事有准确的理解。探究了甲午战争时期中华民族意识觉醒的前因后果，我以时间为轴把近代历史上各阶段民族觉醒的历程归纳如下，并通过我的总结，使家国情怀的情感得到升华。

（1）鸦片战争——民族意识淡薄。

（2）甲午战争——民族意识觉醒。

（3）五四运动——民族意识升华。

（4）抗日战争——民族意识空前高涨。

**启示**：民族意识、民族觉醒有利于维护国家主权，弘扬民族精神，增强民族凝聚力，推动中华民族的复兴与发展。

## 四、教学反思

什么课是一节好课？大家比较认同的有教学设计思路清晰，符合核心素养的培养，适应高考应试需要，学生在我们设计的各环节中可以民主和谐地交流，感情得到共鸣升华等。学者何俊认为"好的历史学，一定能够满足于书写者与阅读者的共同关怀……共鸣的人越多越好。如果能超越他的时代，为后来的每个时代的读者感兴趣，引发共鸣，那就是最好的历史学了"（《中学历史教学参考》2018年第1期首卷语）。历史教育呢？如果当时能够让学生有共鸣是好课，如果能根植于他们的内心，成为他们走出社会、指导人生的素养，当然更是好课。愿我们的历史课有此情怀。

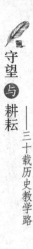

# 高三冲刺阶段复习方法

一般来说，每年三月份、五月份就是百日冲刺、临门一脚的时候，教师都要在方法上给予学生更进一步的引领。《湛江日报》曾经多次向我校高三教师约稿，写一些"宝典"发表在报纸上，希望能更好地帮助广大考生。我也有幸给报纸写过相关的小文章。下面是我在最后冲刺阶段的一些做法，希望对大家有所启发。

## 一、回归课本，熟悉答题方法，保持平和心态

高考进入最后一个月的冲刺阶段，对考生来说历史科的复习时间紧、任务重。要在短时间内对繁多的历史知识进行再梳理，使历史学习的能力进一步提升，必须注意复习策略。我确定总的方针是紧扣考纲，回归教材，查漏补缺，不骄不躁，沉着迎战。

### 1. 针对考试大纲的考点逐条过关

编写一张历史考点通关表作为考前复习提纲。表格项目包括完成时间、历史时期、阶段特征、重点概念或史实等，以中国古代史为例，见下表。

**历史考点通关表**

| 完成时间 | 时间范围 | 中国史各时期阶段特征（默写） | 重点历史概念或史实（识记） | 世界史各时期阶段特征（默写） |
|---|---|---|---|---|
| 5月1—2日 | 夏商西周（公元前21世纪—公元前8世纪） | 政治 经济 思想文化 | 世袭制、分封制、宗法制 井田制、手工业工商食官 礼乐制、甲骨文 | |

| 完成时间 | 时间范围 | 中国史各时期阶段特征（默写） | 重点历史概念或史实（识记） | 世界史各时期阶段特征（默写） |
|---|---|---|---|---|
| 5月3—4日 | 春秋战国（公元前8世纪—公元前221） | 政治<br>经济<br>思想文化 | 中国：铁犁牛耕、自然经济与小农经济、重农抑商政策、百家争鸣<br>世界：雅典民主、人文精神、罗马法 | 雅典民主政治发展<br>希腊人文精神、罗马法 |
| 5月5—6日 | 秦汉时期（公元前221—公元220） | 政治<br>经济<br>思想文化 | 专制主义中央集权制度、皇帝制、三公九卿制、郡县制、中朝、刺史、察举制、"罢黜百家，独尊儒术"、官营民营家庭手工业、丝绸之路 | 罗马共和国——公民法<br>罗马帝国——万民法 |
| 5月7—8日 | 三国两晋南北朝（3世纪—6世纪） | 政治<br>经济<br>思想文化 | 九品中正制、均田制、草市、三教合一、文人画、书法 | 东西罗马分裂 |
| 5月9—10日 | 隋唐时期（6世纪—10世纪初） | 政治<br>经济<br>思想文化 | 三省六部制、科举制、藩镇割据、京杭大运河 | 中世纪：基督教会统治下的神权世界 |
| 5月11—12日 | 宋元时期（960—1368） | 政治<br>经济<br>思想文化 | 二府三司、行省制、重文轻武政策、通判、程朱理学、陆王心学、风俗画 | 中世纪：基督教会统治下的神权世界 |
| 5月13—15日 | 明清时期（1368—1840年；14世纪—19世纪中期） | 政治<br>经济<br>思想文化 | 中国：内阁制、军机处、海禁、朝贡贸易、资本主义萌芽、明清批判思想、京剧 | |

按考纲的中古、世古、中近、世近、中现、世现六个部分，做好复习计划，在1～2个月内把所有内容浏览一遍。由于时间紧，不可能对课本进行全面细致的阅读，只能对不熟悉的某个点或某部分细看。回归课本的目的主要是形成知识体系，最好能把考纲或者课本的目录背下来。这可以帮助学生在考场上对试卷的考点准确定位，容易想起复习过的内容。

**2. 掌握高考答题方法**

对近三年高考题的题型进行归类。例如，选择题归类：原因、影响类，反映类，材料表格类，史学研究类等；材料分析题中的概括特点、内容，比较异同，分析原因、影响、启示等类型；开放性小论文题中多观点辨析类、观点阐释类、信息提炼分析类等。要对每一种类型题目的答题方法进行归类，熟悉答题方法，学生在高考战场上便可以得心应手。

**3. 每天做一份历史题，保持做题手感**

不能只顾埋头做题，要注意总结规律，及时发现自己的缺失是在知识点上还是在答题方法上，及时进行补救。

**4. 保持稳定的心态**

这个阶段不要有畏难的心理，也不必手忙脚乱。制订好计划，有条不紊地进行复习，相信自己就行了。

## 二、掌握全国高考卷选择题答题规律

高考选择题的答题情况往往成为考生能否取得高分的关键。由于基础知识不扎实、定式思维的影响，一些学生在模拟考试时选择题错得惨不忍睹。除了在审题、抓关键词、限定词等常规的答题方法方面进行训练，我还总结了近年高考题的一些特点，为爱钻牛角尖或学习成绩较差的学生精准答题发挥较大的作用。下面举例说明。

**1. 古代社会统治者采取的政治经济文化措施的根本目的是为了加强皇权、维护统治**

例1：（2016年Ⅰ卷27）明初废行省，地方分设三司，分别掌管一地民政与财政、司法、军事，直属六部。明中叶以后，皇帝临时派遣的巡抚逐渐演变为三司之上的地方最高行政长官。这一变化有助于（ B ）。

A. 扩大地方行政权力    B. 提高地方行政效率

C. 削弱六部的权限    D. 缓解中央与地方的对立

**解析**：首先读懂材料，明朝地方原来设三司，后来皇帝派遣巡抚作为三司之上的最高行政长官，体现了地方由分权到集权的过程，有利于效率提高，故选B。"皇帝派遣"说明根本目的是为了加强中央集权而不是扩大地方行政权力或为了削弱六部。排除A、C。

例2：（2017年新课标全国Ⅱ卷文综27）明初朱元璋严禁宦官读书识字，但中后期宦官读书识字逐渐制度化，士大夫甚至有针对性地编纂适合宦官学习的读本。由此可以推知，明代中后期（ A ）。

A.中枢决策过程发生异变　　　　B.皇帝权力日趋衰落

C.内阁议政功能已经丧失　　　　D.宦官掌握决策权力

**解析**：由此可推知的"此"是指严禁宦官读书识字到可以读书识字。根据所学知识可知这一变化是随着内阁制的发展，皇帝需要利用宦官制约内阁，进而保证皇权至上。故选A。B、C、D不符合史实。

例3：（2014年全国Ⅰ卷）中国古代，"天"被尊为最高神。秦汉以后，以"天子"自居的皇帝举行祭天大典，表明自己"承天"而"子民"，官员、百姓则祭拜自己的祖先。这反映了秦汉以后（ B ）。

A.君主专制缘于宗教权威　　　　B.政治统治借助于人伦秩序

C.皇权至上促成祖先崇拜　　　　D.祭天活动强化了宗法制度

**解析**：材料中的现象（以天子自居的皇帝祭天，官员、百姓祭祖）反映的本质是皇帝利用人伦秩序为其政治服务。故选B。A、C的因果关系不成立。D项的宗法制度当时已不存在。

例4：（2015年全国Ⅱ卷25）汉宣帝曾称："与朕共治天下者，其唯良二千石（郡太守）乎！"后来的帝王反复重申上述观念。这主要体现了（ A ）。

A.地方吏治是国家安定的重要因素

B.中央集权与地方分权之间的矛盾

C.汉代地方行政制度为后代所沿用

D.历代帝王将汉宣帝作为治国榜样

**解析**：注意括号注释。帝王"反复重申"的根本目的是为了加强对地方的统治。故选A。其它不符合题意。

**2. 皇帝制度是官场腐败、政治黑暗、社会动荡的根源**

例1：（2014年全国Ⅱ卷27）明初废丞相、设顾问性质的内阁大学士，严防权臣乱政。明中后期严嵩、张居正等内阁首辅操纵朝政，权倾一时。这表明（ B ）。

A.皇权渐趋衰弱　　　　B.君主集权加强

C.内阁取代六部　　　　D.首辅权力失控

**解析**：材料反映明朝内阁大学士从顾问到权倾一时的历史现象。其设置的目的是皇帝为加强皇权而为之。而内阁不是法定的行政机构，首辅的权力也源于皇帝的信任。前后实质都是为了强化皇权专制。

例2：（2014年天津卷）从秦至清的两千多年中，许多皇帝或由于年幼庸弱，或由于当时形势和力量对比的变化，因而受制于母后、外戚、宦官、权臣、地方割据势力等，导致权力的萎缩或丧失，这种现象实质上是（ C ）。

A. 君主专制被颠覆　　　　B. 中央集权体制遭到破坏

C. 君权至上的后果　　　　D. 君主权力受到制约

**解析**：材料反映的历史现象产生的根源是皇帝制度。君权至上容易导致皇帝身边的近臣、内侍或其他人干政，形成专权局面，从而导致皇帝权力的萎缩或丧失。

例3：（2011年海南卷）秦统一后，"废封建，立郡县"，确立专制集权制度，但皇帝之子、弟封王，一直延续到明清。"分王子弟，以为屏藩"，是历代分封子弟的主要理由。血缘分封长期存在说明（ C ）。

A. 分封制有利于政权长期稳定

B. 血缘分封是中央集权的基础

C. 分王子弟是皇权的一种体现

D. 周代制度受到历代政权推崇

**解析**：封建时代的最高统治者之所以长期实行血缘分封，主要是为了体现皇帝的特权。

**3. 突破定式思维：皇权也会受到制约**

例1：（2016年新课标全国Ⅰ卷文综）史载，宋太祖某日闷闷不乐，有人问他原因，他说："尔谓帝王可容易行事耶……偶有误失，史官必书之，我所以不乐也。"此事反映了（ A ）。

A. 重史传统影响君主个人行为

B. 宋代史官所撰史书全都真实可信

C. 史官与君主间存在尖锐矛盾

D. 宋太祖不愿史书记录其真实言行

**解析**：从材料信息看，宋太祖之所以闷闷不乐，是因为他顾忌史官对其言行的记载和由此产生的后世的评价。此事反映君主个人行为受到重史传统的影响。

**例2：**（2013年江苏卷）某学者评唐朝三省制时表示："凡未加盖'中书门下之印'，未经政事堂议决副署，而由皇帝直接发出的命令，在当时是被认为违制的，不能为下属机关所承认。"这里所谓"违制"的论断，主要指皇帝背离了（ A ）。

A. 诏令须由政事堂议决的制度

B. 门下省执掌诏令草拟的职能

C. 中书省监察地方政务的惯例

D. 尚书省负责执行诏令的定制

**解析：**材料反映的是唐朝三省制下皇帝"违制"的表现。古代皇帝是否甘愿受制约，是否开明，关键看皇帝个人素质；为了江山稳固，臣子经常奋不顾身维护礼制。皇帝大多甘愿受一定的制约。

**启示：**古代皇帝是否甘愿受制约，是否开明，关键看皇帝个人素质；皇帝的根本目的是为了江山稳定。

**4. 用唯物史观解释古代出现的经济生活现象**

**例1：**（2015年海南卷）西汉初年，皇帝找不到颜色相同的四匹马来驾车，将相大臣甚至只能乘坐牛车；到汉武帝初，普通百姓也拥有马匹，"阡陌之间成群"。马匹大量增加的主要原因是（ A ）。

A. 社会稳定，经济得到迅速发展

B. 西域良马引进与马种改良

C. 游牧民族大规模地移居中原

D. 长期和平使战马消耗减少

**解析：**经济现象——货物从缺乏到丰富，使用人员从贵族到普通百姓的变化，是由社会经济发展决定的。

**例2：**（2017年全国Ⅰ卷27）明前中期，朝廷在饮食器具使用上有一套严格规定，例如官员不得使用玉制器皿等。到明后期，连低级官员乃至普通人家也都使用玉制器皿。这一变化反映了（ B ）。

A. 君主专制统治逐渐加强

B. 经济发展冲击等级秩序

C. 市民兴起瓦解传统伦理

D. 低级官员易染奢靡风气

**解析：** 经济现象——货物从缺乏到丰富，使用人员从贵族到普通百姓的变化。这是由社会经济发展决定的。

例3：（2017年新课标全国Ⅲ卷25）《史记》记载，西汉前期，从事农牧业、采矿业、手工业和商业的人，通过自己的努力和智慧而致富，"大者倾郡，中者倾县，下者倾乡里者，不可胜数"。这反映了当时（ C ）。

A. 义利观发生根本改变

B. 朝廷注重提高工商业者地位

C. 经济得到恢复和发展

D. 地方豪强势力控制了郡县

**解析：** 经济现象——社会流动，是由社会经济发展决定的。

**5. 新中国初期的政治、经济、文化教育、社会生活等围绕"一切为了工业化"**

例1：（2016年全国Ⅱ卷31）"一五"计划期间，我国住宅建设占基本建设投资额的比重不断减少，其他非生产性建设投资也开始受到抑制。这表明我国（ A ）。

A. 致力于奠定工业化基础

B. 国民经济结构臻于平衡

C. 大力压缩基本建设投资规模

D. 城市化的进程趋于缓慢

**解析：** 题干中的信息有两点：一是时间"一五"计划期间。二是压缩住宅建设和非生产性投资。这两点说明国家的投资主要用在了生产领域，这是为了满足国家工业化的需要，为工业化奠定基础。

例2：（2015年全国Ⅱ卷31）到1952年底，新中国已建立多所俄文专科学校，北京大学、清华大学等多所高校和一批中学开设了俄文课程，许多中小城镇也掀起了学习俄语的热潮。这是我国当时（ D ）。

A. 外交政策转变的需要

B. 计划经济体制的需要

C. 文化教育改革的需要

D. 国家发展战略的需要

**解析**：把中国的"俄语热"放在1952年底中国的大背景下思考，为了工业化的需要，引进苏联的技术，需要培养大量懂俄文的人才。

例3：（2014年全国Ⅰ卷31）"一五"计划期间，我国实行粮食计划供应制度，各地根据国家粮食计划供应的相关规定，以户籍为依据确定粮食供应的对象与数量。这一制度的实行（ B ）。

A. 有利于资本主义工商业改造

B. 保障了工业化战略实施

C. 缓解了灾害造成的粮食短缺

D. 加速了国民经济的恢复

**解析**：一五计划期间以实现社会主义工业化为中心，以户籍为依据确定粮食供应的对象与数量，主要是服务于工业化的目标。

例4：（2014年全国Ⅱ卷31）1953年10月，中共中央决定在全国范围内实行粮食的统购统销，在农村向余粮户实行粮食计划收购的政策，由国家严格控制粮食市场。粮食的统购统销（ C ）。

A. 加快了我国农村经济的恢复和发展

B. 有力地促进了各地农村的政权建设

C. 将农民经济生活纳入国家计划体制

D. 为国家工业化建设提供劳动力资源

**解析**：1953年至1956年正是我国三大改造时期，材料中的内容正是这个时期的现象反映。

例5：（2013年大纲全国卷20）从20世纪60年代初期开始，大批沿海城市人口向内地迁移，在内地形成了一批新的城镇，促进了中国城市分布向中西部扩散的格局。出现这种状况的主要原因是（ A ）。

A. 国家调整了工业布局　　　B. 人口急剧膨胀

C. 国家实行城镇化战略　　　D. "大跃进"运动的开展

**解析**："20世纪60年代初期"属于中国实施单一计划经济的50～70年代，人口迁移要受到政府的严格控制，主要由政府主管部门组织和调控。

例6：（2018年全国Ⅰ卷31）下图是1953年的一幅漫画，描绘了资源勘探队员来到深山，手持"邀请函"叩响山洞大门的情景。这反映了当时我国（ D ）。

锰
铜
钨
石油
煤
铁

资源勘探队员来到深山，手持"邀请函"叩响山洞大门的漫画图

A. 已经初步改变工业落后局面

B. 开始进行对矿产资源的开采

C. 国民经济调整任务基本完成

D. 大规模的经济建设正在展开

**解析**：由材料中的"1953年""资源勘探"等信息可知，当时正是"一五计划"轰轰烈烈进行工业化建设，故D符合当时的实际情况。

**启示**：中华人民共和国成立初期，经济、文化、教育、科技等领域都围绕工业化、计划经济、国民经济调整等展开，题目体现了明显的阶段特征。

上面仅是从高考卷摘取了个别例子。高考命题角度实际上就是命题专家史学观点的体现。多做高考题，研究高考题，会发现高考选择题也是有规律可循的，在此希望起到抛砖引玉的作用。当我把自己总结的一些高考的命题的特点、规律教给学生时，他们反馈说有豁然开朗的感觉，做题顺手了，增强了信心。

## 三、开放性小论文题答题方法及训练

每年高考全国卷变化最大的要数开放性小论文题了。题型年年变脸，考查了考纲要求的四大能力及学科素养。学生在做这一类型的题目时，总觉得没有把握，甚至无从下手。我们应该如何帮助学生克服畏惧的心理，使学生能够较为规范地答好小论文题呢？

**1. 把全国卷开放性小论文题型进行分类并归纳答题思路**

例如，2011年课标41"评关于西方崛起的观点"；2012年课标41"评析冲击—反应模式"是属于观点评析类；2015年Ⅰ卷41公式要素论证、2016年课标Ⅰ"围绕……"论题阐述，属于论证观点类；2013年课标Ⅰ卷41历史地图题、2013年课标Ⅱ卷41政治建筑图片题，2014年课标Ⅰ卷41及课标Ⅱ卷41均是教材目录题；2017年Ⅰ卷42中外历史事件表格及2017年Ⅱ卷42"钟表演变"表格等，属于信息提炼分析类；2018年Ⅰ卷42小说情节属于辨别历史事实、历史叙述与历史解释类；等等。

对高考开放性小论文题型进行分类后，教师要进行总结，将答案格式及方法教给学生。我们可对收集到的高考小论文题答案示例进行剖析，总结答题模板。例如，评析、评述题：材料观点+分析原因、影响+总结升华，也就是"是什么""为什么""怎么样"三个方面。据此，2011年课标41"评关于西方崛起的观点"参考示例剖析如下：

（1）第一种观点。

材料中的观点是什么：西方崛起是自身发展的结果。（或西方崛起是世界历史最引人入胜的历史进程）

材料认为的原因是：因为古希腊罗马的民主、哲学、法律曾领先于世界；地理大发现结束了世界各地相对孤立的状态；殖民扩张推动世界贸易和世界市场扩大；文艺复兴、启蒙运动思想解放及近代科技欧洲都走在世界前列；工业革命进一步壮大欧洲实力，亚非拉沦为欧洲附庸。

你怎么评价？（评价要辩证地进行）该观点有其合理性的一面，历史上特别是近代欧洲有许多领域确实领先于世界，但该观点认为亚非拉的历史是从欧洲的接触和征服才开始的，这是欧洲中心论，是一种狭隘的历史观。

（2）第二种观点。

观点是什么：西方崛起得益于其他文明。（或欧洲的崛起是本土文明加外来文明综合作用的结果）

分析原因：从历史上看，亚洲与中东国家在经济、科技、航海、贸易等方面曾长期领先于欧洲；从时间上看，欧洲崛起晚于其他地区；从崛起的因素看，欧洲的崛起得益于其他文明成就（如战争掠夺、殖民奴役和商品输出、中国四大发明对欧洲的影响等）。

评价这种观点：这是全球史观，摒弃了旧史观的一些民族偏见，全面真实地反映了世界历史的特征和总体趋势。

又如，论证观点类的答题方法：概括观点+史实证明+总结升华，也称三段论——论题、论证、结论。一般首先要"围绕××"自拟观点。为了不跑题，就需要围绕括号里的词语做文章。2016年课标Ⅰ 42题要求围绕"制度构想与实践"自拟论题。所拟的题目可以有：构想指导了实践、实践完善了构想、构想与实践相互推动、构想在实践中存在差异等。论证示例：

论题："三权分立"学说在美国1787年宪法中得到实践，同时也有所发展。

论证：（构想4分，实践4分）启蒙运动中，思想家们提出了建立资产阶级理性王国的制度构想。其中"三权分立"学说作为制约权力的一项重要构想，在资产阶级建立政权的实践中起到了重要作用。孟德斯鸠提出"三权分立"，认为国家的权力应分为立法权、行政权和司法权。美国1787年宪法规定国家的权力分为立法、司法和行政三部分，国会掌握立法权，总统掌握行政权，最高法院掌握司法权，这充分体现了三权分立的原则。不过，孟德斯鸠的"三权分立"学说主张由国王行使行政权。而美国根据自身建立共和制国家的目标，不设君主，将行政权交付总统，且三者独立平等。

可见，制度构想可以引导实践，实践对构想亦有所发展。

**2. 从简单到复杂循序渐进训练**

学生从一轮复习开始接触开放性小论文题，我们可从最简单的练习开始。

例如，观察一组图片：军机处与英国议会大厦、铁犁牛耕与蒸汽机、《天工开物》与《自然哲学的数学原理》。要求：结合所有图片内容，提取相互关联的中外历史信息，拟定一个主题，结合图片信息和所学知识对所拟主题加以论证。该题是2017年Ⅰ卷42中外历史事件表格题的变式题。因为利用直观、生动的图片入题，降低难度，使学生都能有话可说。

平时我们可以对一些模拟题进行改编，使题目要求尽量讲得具体、浅显、答案多元化，使学生容易下笔，增强信心。对题型的练习从单一再到逐步多元化。在讲评该题的时候，可以先解释该类型题目的答题要求，展示学生考卷中三个档次的试卷，评价试卷的优缺点在哪里，总结答题模板。还要对学生进行个别辅导，帮助学生分析该题得分、失分的原因，使学生答题规范、有逻辑性，争取第一档次的得分。

第三章

做一位不断成长的教师

——与新课标理念同行

　　2004年，国家开始实行新课标。课程标准取代教学大纲，是从关注教到关注学的变化，是教师学会从一个传授者转变为一个引导者、学生从一个接受者转变为一个参与者的变化。在这一转型过程中，老师们有喜悦也有困惑。首都师范大学赵亚夫教授的《历史课堂的有效教学》一书给中学历史教师指点了迷津："当课程标准取代了教学大纲时，教学目标不只等于新的任务，它更关注的是学的效益。"该书用大量的教学案例说明什么是有效的课堂教学，引导我们静下心来思考课堂教学的"学的效益"。

　　2017年，国家实施新一轮课程标准，以立德树人作为历史课程的根本任务，以培养和提高学生的历史学科素养为目标。李惠军先生认为："好的历史课应该是有核心理论的指导和能力方法的训练。但是，它更需要具有浓厚的人文气息、严谨的科学精神、厚重的理性智慧和精湛的呈现艺术。"培养学生历史学科核心素养，首先要求教师提高素养。什么是好教师？答案太多了，但有一点大家都认同的："不断成长的教师才能成为好教师。"

# 构建充满生命力的历史课堂

任鹏杰先生认为，历史教育的目标应该是"认识自己、做好自己，即服务于人生"。他强调的是历史教学的终极目标。浩瀚的历史赋予我们更多的是精神层面的内容，新课程也十分强调历史课对人的价值观念和高尚品格的培养。而传统的有效性课堂教学，一看教师的教学技巧，二看学生掌握知识的程度，即我们常说的"知识点落实了没有"。高考的指挥棒使这种传统的课堂教学一直长盛不衰。如何在理想化的教学目标与教学现状的结合中，找到理想的平衡点，并使历史课堂充满生命力呢？

## 一、使历史知识点闪光

历史知识点的讲授是每一堂课要完成的重要任务，如何使枯燥的知识点变得生动起来，使学生乐于其中呢？我在备课时特别注意收集历史故事、图片、漫画、视频等素材，通过情境的创设，尽量使逝去的历史学起来亲切些。在重新整合教材时，相信每个知识点都是会闪光的彩色石子。心理学家赫瑞特拉的实验表明：人类获取信息的来源83%来自视觉，11%来自听觉，两项加起来就有94%，这说明人类获取信息主要来自视听；人们一般能记住自己阅读内容的10%、自己听到内容的20%、自己看到和听到内容的50%，在交流过程中自己所说的内容占70%。吴磊老师认为："既然视听是学生获取和保持信息的主要途径，教师就应该通过创设历史情境，将与教学有关的信息尽可能地以视听方式展现给学生，要学生置身于历史的氛围中，从而激发学生的积极情感，拨动学生的情感之弦。"

在上岳麓版必修二《鸦片战争后中国社会经济》一课时，我按课标要求把本课分解为：鸦片战争后中国经济结构变动的背景、变动表现、变动的影响。背景部分我通过视频及展示鸦片战争图，签订条约漫画，上海租界、湛江天主教堂等图片进行讲述。讲述"变动的表现"这一知识点时，我借用深圳唐云波老师虚构的形象"二毛"创设情境，把教材中枯燥的理论生活化，也很受学生欢迎。讲述最后一部分"变动的影响"时，我还联系近代湛江社会变化的历史，展示了湛江法国公使署、法式骑楼、教堂等图片，使学生把历史与身边的事物联系起来。

高中历史教师有时过分强调教学的理性因素，认为历史教学就是概念的记忆、原理的分析、体系的构建及结论的评价，淡化了历史教学中直观、轻松、愉悦的一面，不能把非常鲜活的历史事件生动形象地表达出来，使学生感到高中历史枯燥、无味。其实，在高考命题中，也已经注意到这个问题。教育部考试中心在《2000年高考历史试题评价》（《中国考试》2001年第4期）中指出高考要求是："通过构建历史情境，更加全面、灵活、有效地考查思维能力为核心的初步的史学研究能力。"高考历史试卷中可以看到越来越多的由生动的历史材料创设情境的试题。

要使历史课堂教学有效，首先要使学生对历史课充满兴趣，这就需要我们历史教师有很好的"加工"能力，让看起来暗淡的知识点发出智慧的光芒。

## 二、使历史课堂具有生命力

有生命力的课堂强调知识获取的过程，能激发学生在课堂上的思维想象力，甚至可以把学生学习的激情延续到课堂以外。赵亚夫先生认为："知识本身和知识的获取过程是具有生命性的。因为鲜活的历史需要这些活蹦乱跳的年轻的生命来感受、理解和认识。历史知识的获取其实就是学生与前人在思想上的交流、认知上的切磋、感情上的交融的过程，也是学生思想塑造的过程。"

我曾在课堂上有过一次被学生激发出来的"换车"经历。那天我在上《新中国初期的外交》一课，我首先讲新中国外交的背景，指导学生阅读教材，要求学生参考课文填写印发的表格。我把课件中准备的几张图片快速展示了一下，第一部分就讲完了。接着是本课的重头戏，按教材有四件大事，分别是"中苏建交""和平共处五项原则""日内瓦会议""万隆会议"。

我把这些重大事件的内容或意义边讲述边展示要点，学生结合教材及要点把表格填写完，第一课就算学完了。还剩下10多分钟，上第二课的话还可上一个子目。忽然有个疑问出现在我的脑海：你觉得这样上历史课真有意思吗？尽管过去也有为赶进度上过类似的"画书课"。所以我对学生讲："有关新中国外交风云变幻、周恩来高超的外交艺术，有兴趣进一步了解的同学，可通过上网或阅读《新中国外交风云》等书籍去了解。我电脑里有一些视频资料，你们课后可以拷回家看。"学生听说我准备了视频资料，兴奋地大叫："现在就放！"一轮"讨价还价"，他们还是坚持要当时就看，我决定满足他们的要求，放映《日内瓦会议》《万隆会议》。学生一阵兴奋，旋即安静下来，全神贯注地看起来。他们被周总理的风度所吸引；为他高超的谈判艺术和应变能力而惊叹；对当时美国的阴险、霸道，中国台湾策划飞机大爆炸而义愤填膺。影片最后讲道："日内瓦会议是新中国第一次亮相国际舞台，周恩来带来的是超乎想象的精彩。"画面上周总理自信步出会场，高大的身影，慢镜头向我们走来，微笑、挥手。全班学生响起了热烈的掌声。我们都被周总理个人的魅力和风度折服了，我也被学生的纯真、热情所感染。

看完了影片，我设计了一个问题请学生讨论："为什么新中国第一次参加国际会议，就能发挥如此重大的作用？"学生热烈讨论着，下课铃响了，我以简短的小结结束了这一课。我在收拾手提电脑的时候，几名学生围了上来："太精彩了！""为什么国际上邀请中国出席日内瓦会议？美国为什么同意中国出席？""老师，以后多放些历史资料片给我们看。"通过精彩的视频、富有思维含量的讨论题，还可把学生的学习热情一直延伸到课后。这不正是实现了课堂教学的有效性吗？有位教育学家说过："真正的教育，是学生十年后仍能记得的内容。"愿我们有更多如此有生命力的课！

## 三、努力创建有魅力的课堂

我常问自己：历史课的魅力在哪里？自己读中学时喜欢历史是因为爷爷的一箱箱旧书，《说唐》《古文观止》看得如痴如醉。后来真成为历史教师了，就要在应试教学和精彩的历史之间找平衡点，慢慢地忘记当年自己为何喜欢历史了，权当学生就为了考试而来，有时我们的课堂变得功利，失去了魅力。学生课堂上兴奋的眼神、课后的刨根问底，让我重新思考历史课的魅力在哪里。

历史课能让学生感受时代风云、领略伟人神韵，是好课；能激发学生的爱国热情、增加学生的人文素养，更是好课。教师也被提升、被感动了，更是难得的好课。高中历史课程标准要求："教师在进行情感态度与价值观教育时不但要把自己也列入受教育者的行列中，成为提升自己精神境界的示范者，而且要善于启迪学生的心灵，引导学生自觉地走向人类神圣的精神殿堂。"

怎样能让我们的课成为有魅力的课呢？第一，我们自己要努力成为有魅力的人。教师最大的魅力是人格，人格中最重要的是爱心。五彩缤纷的历史是最好的素材，有爱心才能让我们烹调出美味佳肴，让学生终生难忘，终身受用。第二，做一个会讲故事的历史教师。我们小时候曾经因为故事而爱上历史，我们最初曾擅长在课堂讲故事而受学生欢迎。现在怎样了呢？有人说，现在的历史教师越来越不会讲故事了。我们会了应试训练，会了照本宣科，会了编选试题，会了下载试卷，会了高考走向分析，会了知识点之间无血无肉的连接。结果课本中的历史人物不再鲜活，历史事件不再生动，历史年代只是密密麻麻的代码。当人的历史纷纷走进我们视野，成为我们应试工具的时候，历史学科失去了人文味道，变得乏味。第三，做一个既会讲故事又有独特见解的历史教师。我们很想激发学生的学习欲望，想培养学生解决问题的能力、质疑的意识、理性思考的习惯、创新的精神等，但如果历史教师本身是一个没有自己见解的人，以上的目标是难以实现的。怎么办呢？通过读书壮大自己，大量储备课外知识，掌握丰富的历史典故与细节，在历史细节中涵养大历史观，并在大历史观中不迷失自己，有自己的观点与见解。

应试的现实我改变不了，但我能改变我的课堂。学生奔走应试之路不容易，努力让历史课充满魅力吧，为了那难忘的眼神！

# 以小组合作探究教学凸显生本课堂

新课程标准带着鲜活的新理念向我们走来。高中历史课程标准指出："普通高中历史课程的设计与实施有利于学生学习方式的转变，倡导学生主动学习，在多样化、开放式的学习环境中，充分发挥学生的主体性、积极性与参与性，培养探究历史问题的能力和实事求是的科学态度，提高创新意识和实践能力。"新课程的实施，对广大教师提出了新的要求。陈长琦教授主持的"中学历史课程教材改革与发展研究"课题的课题组对广东多地区不同层次的学校进行问卷调查，其中的"你最喜欢的学习方式：A. 接受学习；B. 研究学习；C. 合作学习；D. 自主学习"，调查结果是学生最喜欢探究学习和合作学习，分别占34.6%和36.3%。我校从2015年开始推行"导学、导问、导智、导练"的四导学教课堂教学模式，要求教师转变观念，建立以生为本的课堂。下面以人民版必修二《开辟文明交往的航线》一课为例，谈谈本人小组合作探究教学的做法。

小组合作学习是在班级授课制背景下的一种教学方式，即在承认课堂教学为基本教学组织形式的前提下，教师以学生学习小组为重要的教学组织手段，通过指导小组成员展开合作，发挥群体的积极功能，提高个体的学习动力和能力，达到完成特定的教学任务的目的。

## 一、小组合作学习在课前

（1）"分散的文明""资本主义经济的萌生"两个子目由学生自主学习完成导学案中设计的填空内容。因为这两个子目是人民版特有的内容，课标当中不做要求，所以采取化繁为简的方式进行处理。

（2）教材中的子目三"文明的链接"是教学重点，设计八个探究题，提供较充分的材料让学生阅读，探究新航路开辟的背景及影响等。课前由科代表给八个学习小组进行分工，课前进行小组自主探究学习。学生对不明白的内容，小组内同学之间互教互学完成。解决不了的问题，由组长收集，交给老师解答。实现先学后教，为课堂上的小组合作探究活动做好准备。

## 二、小组合作学习在课中

### 1. 导入：播放音乐激趣导学（3分钟）

小组合作学习以集体教学为教学流程的第一环节。教师设计生动的导入，可以达到激趣的作用，为后继小组合作探究活动的开展打下基础。我的做法是放映美国影片《哥伦布传》主题曲"Sailing"的三分钟视频。通过富有激情的音乐、波澜壮阔的哥伦布航海画面，把学生带回大航海时代的现场，激发学生学习的兴趣。

### 2. 小组合作探究活动中的师生角色

**探究一：阅读材料，概括新航路开辟的原因和条件是什么（10分钟）**

教法：提供了八段生动有趣的材料让学生课前阅读，主要是从不同角度展现新航路开辟的背景材料。教师巡堂指导小组讨论，安排学生代表板书展示探究成果。

学法：小组讨论，形成结论。第一小组在黑板上书写答案，第二小组补充修改。小组讨论可分为三种方式：第一是"叽叽喳喳"式，即人人在小组中自由发言，全班充满争论的气氛。第二是轮流发言式，就是让小组成员围绕一个中心问题挨个发言，一人不漏。第三是连锁发言式，即学生面对一个中心问题先由一人发言，然后由组内同学补充、完善。每组指定书记员做好讨论记录，最后由组长代表全组向全班发言或展示。

（**设计意图**：这个环节是小组合作学习的核心。组织和指导小组成员围绕一定的历史问题展开讨论，互助学习。在讨论过程中，通过生生互动，最大限度地激发学生参与的意识，便于充分发挥其学习的主动性。）

历史知识浩如烟海，包罗万象，学生不可能将所有的历史知识面面俱到地掌握。现在是信息时代，学生获取知识的渠道越来越多，因此在教学过程中教师应精心选择有利于学生终身学习的历史信息。什么是有利于学生终身学习的信息呢？通过学生自己阅读材料得出结论，培养学生论从史出、史论结合的能力；通过大事年表理顺新航路开辟的基本线索，培养时空观念。通过人物生平的介绍，培养学生正确的价值观。

**探究二：新航路开辟的过程（15分钟）**

（1）完成表格内容。

**新航路开辟的基本线索表**

| 人物 | 时间 | 国别 | 支持国 | 路线 | 影响 |
|------|------|------|--------|------|------|
| 迪亚士 | 1487年 | | | 西欧—____ | |
| 达·伽马 | 1497—1498年 | | | 西欧—好望角—____ | |
| 哥伦布 | 1492年 | | | 西欧—____ | |
| 麦哲伦 | 1519—1522年 | | | 环球航行 | |

（2）名人讲史。1488年，葡萄牙航海家迪亚士到达好望角，到这个地方就不再往前走了，其实不是他不想走，是水手要哗变了。大家觉得这地方太可怕了，两洋交汇，乱石穿空，惊涛拍岸，地狱的门已经打开了，再往前走就要被鲨鱼给吃了。迪亚士回去跟国王说看到了非洲最南端，把它命名为风暴角。国王一听就急了，你不敢过去就算了，还吓唬别人，于是国王给它改名为好望角。

西班牙看着看着眼就红了，你瞧人家多牛气，咱也不能闲着，于是雇了一个叫哥伦布的意大利人也去远航，并最终到了美洲。哥伦布的远航是跟伊莎贝拉女王签订的契约，他的出行不是国家给钱，是伊莎贝拉女王动用的私房钱，大概意思是我给你支付远航的费用，你到美洲弄到金子之后，咱姐弟俩二八开，80%归我，20%归你，你是所有新发现领土的总督、海军上将，你到哪儿都要升起西班牙国旗，竖起十字架，让印度人、日本人、中国人皈依天主教。据说女王把首饰盒都给他了，从此之后女王头上只能插花。哥伦布一看这买卖可以做，就兴冲冲地弄船去了，到了美洲，他认为自己到了印度，还痴心不改去了四次。这哥们儿有点儿背，那地方有黄金吗？美洲盛产黄金，但是在南美、北美也只是在太平洋沿岸有，老哥去的那地方没有。（袁腾飞《这个历史挺靠谱》）

（注：袁腾飞被称为当今中国通俗讲史的领军人物，同时他的讲史也颇具争议。）

学生活动：第二小组负责在黑板上书写表格填空，一学生上讲台讲述教材P84"哥伦布传"材料与袁腾飞老师讲史不同之处，以及为什么不同。

（设计意图：学生喜欢听历史故事，会说故事的教师受学生欢迎。通过提供两个版本的哥伦布故事，让学生通过自己的眼睛去发现严肃历史和通俗历史的不同，以此培养学生的思辨能力、批判能力。）

（3）听歌"Sailing"，体会航海家的精神。歌词：乘风破浪，穿越那无尽的海洋，只为回到熟悉的家乡，穿越那无尽的风浪，去接近那真理的女神，去寻找真正的自由！展翅高飞，像鸟儿一般划破长空冲破层层乌云，去找到心目中的上帝，去找寻真正的自由！你是否听得到我的呐喊？冲出黑暗的夜晚，远离这没有光明的世界。我即将离去，呐喊回荡在长空，与魂牵思挂的她在一起，这种幸福的感觉谁能说得明白？让我们一起扬起勇敢的风帆，回到我们曾经熟知的地方，我们一起跨越艰难险阻，去和代表光明的上帝在一起，去获得真正的自由！我的主，等待我，我即将到达你身边。

学生活动：第三小组负责上讲台进行两分钟演讲：开辟新航路的航海家具备哪些优秀的品质？

（设计意图：通过视频和歌词，体会航海家的品格。由学生的演讲说出他们的感受更加有感染力：不畏艰险、自信、坚毅、勇敢、聪明与智慧；成功不是必然，机会总是留给有准备的人！）

一节有生命力的课，离不开教师感情的投入。诚如特级教师郭富斌所说："自己都不能感动，何以感动人？自己都没有感悟，何以让学生有所感悟？"教师精心准备了材料，通过学生的探究表达出学生的看法，容易点燃学生的热情，引发其共鸣。

**探究三：新航路开辟的影响（10分钟）**

（1）老师：①通过PPT介绍多元史观的内涵——革命史观、近（现）代史观、全球史观、文明史观、社会史观、生态史观；②提供不同角度的史料，指导学生运用多元史观多角度评价新航路开辟的影响。

（2）学生：第五、六小组在黑板上板书，展示从不同角度进行分析的答案。教师进行点评。

（设计意图："历史评价标准"是对历史人物和历史事件在整个历史发展进程中的作用做出判断，凡有利于社会生产力发展、有利于人类进步的就予以肯定。所谓"道德评价标准"则是对历史人物和历史事件做出善或恶的判断。一般来说，人们容易用传统的道德观念来评价新事物、新观念。我们要强调在史观多元化视角下进行评价，而其中唯物史观是我们分析历史最重要的手段。通过上述探究活动，使学生的思维得到发散、加强。）

（3）课堂练习巩固（2分钟）。

## 三、课后延伸：课后观看《大国崛起——葡萄牙、西班牙》，写观后感

学生感想摘录：

在世界历史上，葡萄牙是开拓者中的先行者。一批批有勇气、胆识过人的航海家如迪亚士、达·伽马在王子的领导下，向神秘的东方出发。一路上历尽艰险与困苦。皇天不负有心人，他们终于到达了东方，拿到了梦寐以求的香料！随后开拓殖民地，一步步成为海上霸主。这就是开拓精神的重要意义所在！（高一3班　韩岳松）

当时位于西亚的奥斯曼土耳其帝国崛起，切断了欧洲人向东的财路，商人们一时陷入窘境。但葡萄牙人没有坐以待毙，他们做出大胆猜想：欧洲西边有海路到达亚洲。于是，一代代伟人前赴后继，投身海路发现中，将航海线拓展到大西洋南岸，一举打破了欧洲人的地理概念，为国家带来巨大财富，成为"帆船带动地球"的海上霸主。（高一1班　陈泰霖）

刚刚完成统一的西班牙之所以能和国力强盛的葡萄牙相抗衡，是因为西班牙抓住机遇，重用了受葡萄牙冷落的航海家哥伦布。向西，向西，再向西，结果发现了美洲大陆，在世界上拥有了立足之地。（高一4班　吴天乐）

西班牙和葡萄牙两个大帝国的远航拉开了海洋文明的序幕。而在这两个大帝国沉醉于鼎盛辉煌的时候，满足于掠夺所获得的巨大财富的时候，不知不觉便退出了历史舞台。因为巨大的财富仅仅带来了奢靡至极的氛围，既没有去发展工商业，也没有改变人们衣食住行的生活水平。拥有财富却不懂得如何利用财富使自己变得更为强大，留下的也只有静静的失落，以及一段曾经辉煌的佳话。（高一1班　李婉玮）

[设计意图：小组合作学习并不局限于课堂上，课前资料的收集、课后作业的完成（小论文、手抄报、网页等），都是小组合作学习的组成部分。

小组合作学习模式操作流程如下：课前——布置小组成员自主学习，完成填空、阅读老师提供的资料；课中——教师精讲并提供探究问题，学生组内讨论、小组间分享交流发言，教师点拨、奖励；课后——小组分工合作收集资料完成小论文、手抄报等；最后评价奖励。全课较为完整体现了生本课堂，我校提倡的导问、导学、导智、导练四导学教课堂的理念。]

## 四、教学反思

该课是高一下学期新课讲授课。通过课前发导学案给学生预习、讨论，先学后教，实现导学。通过生动的导入、激趣，学生带着问题进入课堂探究学习，实现导问。通过一系列的探究、演讲、辩论，既能够学习知识、培养能力、培养正确的价值观，也实现了导学、导问、导智。通过巩固练习实现导练，充分贯彻四导学教课堂的理念。整个课堂贯穿以生为本的理念，活动丰富又注意可操作性，注意历史事件内涵的挖掘，以达到以情动人的目的，以打造以生为本的有生命的课堂。精彩之处有以下几点：

精彩之处一：通过播放影视歌曲导入激趣，同时在重点内容学习中，通过歌词内容设置问题进行探究，提升了本课的思维含量。如果历史课仅仅是播放一段视频，可能会激发兴趣，但不一定能满足高中学生的求知欲，因为单纯的故事情节并不设定疑惑亦不解决问题。如果仅是博眼球，这样的课堂效益是很低的。

精彩之处二：小组合作探究学习的课堂效果很好。整个课程中通过视频、文字、图片等材料探究了六个问题，并由各小组代表通过口头、板书表达出来，课堂气氛非常活跃。赵亚夫教授认为："活跃的课堂应该是合作学习的乐园。所谓合作学习，主要是指学生之间在体验、发现过程中的相互启发与借鉴。个人的认识与发现总是有限的，这对极富个性色彩与创造性的历史学习而言更是如此。"在课堂活动中，学生彼此间就各自的体验、发现进行交流，有利于他们提高学习兴趣、探究精神和交往的能力。在六个小组展示完小组探究成果后，教师点评、补充说明。学生抄写笔记。第一课时就基本结束了。在一系列的小组探究活动中，我提供的材料和设计的问题比较生动、有趣，图文并茂，加上视频、歌曲，学生表现出很大的学习兴趣，参与度也很高。所以，在备课的时候，我们要心中装着学生，要多考虑不同层次的学生是否能参与其中，他们在这个过程中能得到什么，努力使我们的课堂实用、高效！

精彩之处三：问题的质疑，如"袁腾飞讲历史"与教材描述的历史有何不同、哥伦布发现美洲大陆利弊等问题的抛出。巴尔扎克曾讲过："问题是深入的阶梯，是长进的桥梁，是触发的引信，是觉悟的契机。"质疑能力是学生素质的一个重要组成部分，是创造发明的源泉之一。培养学生的质疑精神是培养学生历史思辨能力的关键，并为学生的终身学习打下坚实的基础。

精彩之处四：布置课后观看《大国崛起》视频并写出读后感，探究西班牙、葡萄牙崛起的原因，以史为鉴，感悟历史。

本课的局限在于课前课后学生需要花一定时间进行自学、阅读、观看，不一定所有的班级都能做得到。设计的课堂小辩论放在第二课，使整个课不流畅。观看《大国崛起》需要安排在课外活动时间统一播放。这种探究性课堂，至少需要2～3个课时才能完成。愿我们继续课堂中的精彩，弥补我们课堂中的缺憾，在探索中不断成长。

# 运用主题探究式教学，贯彻"四导学教"
# 课堂理念

## ——以"美国梦"的守护一课为例

## 一、教学思路分析

本课的常规教学是基于史料，从罗斯福新政的背景、内容、结果、影响等几个方面组织学生学习。这种传统教学设计条理清晰、结构完整，但因为重难点不突出、史料陈旧、以教师讲为主，学生往往缺少学习兴趣，也丧失了提高思维能力的机会。由此，本人以"梦"为主题进行探究式的教学设计，开展四导学教课堂：第一，大胆打破课本的结构与体系，对教学内容重新取舍整合，围绕"美国梦"濒临破灭、"守梦者"罗斯福、反思"守梦"方法、从"美国梦"到"中国梦"再到"湛江梦"四个问题展开教学，突出重难点；第二，设计学生愿意积极参与的探究性问题，课前撰写好导学案发给学生，并用生动鲜活的历史细节和纪录片片段导入新课，实现"导学"；第三，指导学生设身处地地参与到历史场景中，鼓励学生课堂提出新问题，实现"导问"；第四，挖掘和运用新材料，和教学紧密相连，拓宽学生视野，充分培养学生史论结合的能力，并且把课本内容和现实联系起来，引导学生以史为鉴，实现"导智"；第五，学习本课内容后，进行模拟题练习，巩固本节课学习成果，实现"导练"。

## 二、教学过程设计

导入：（PPT自动播放）2012年，美国总统奥巴马确认当选后发表了胜选演讲——《为了永远的美国梦》，他讲道："在这片土地上，每个人都有着追求个人幸福权利的这一信念，也就是所谓的'美国梦'。"

20世纪20年代，被称作"咆哮年代"，是"美国梦"变成现实的年代……金钱如潮涌来，油井不断开采；高楼大厦平地而起；人们对豪宅的渴望急剧膨胀；1923年，开发商为了推广，树立了"好莱坞"的标志；到1929年，美国的广告业产值超过了国民教育支出；1929年，美国人用信用卡买了60亿美元的商品，与此同时，80%的美国人却没有丝毫积蓄，一个巨大的泡沫即将破灭。

1929年10月，该来的还是来了。股票市场蒸发掉的市值相当于美国政府一年财政开支的12倍还多。不过全国只有2%的人口是股民，其他98%的人生活依然如常。美国人民的"美国梦"勉强还能守护。直到1930年的这一天，美国出现了银行挤兑。

（**设计意图**：美国是当今世界上强大的国家之一，高中学生对美国比较熟悉，"美国梦"的概念在好莱坞大片中经常出现。我以"美国梦"导入新课，可以吸引学生的注意力。接着运用鲜活的历史细节，让学生感受20世纪20年代美国人民"繁华"的生活，并指出这种"繁华"只是一种表象，背后危机重重，特别是当经济危机爆发出现银行挤兑时，会引起连锁反应。）

**1."美国梦"濒临破灭——新政为什么要实施？**

教师播放纪录片片段后引出探究一（历史小导演）：假设你是一名历史剧导演，刚才我们看的"银行挤兑"是本剧的第一场景，请你为此剧接下来的几个场景排一下顺序。学生讨论后得出结论——银行挤兑会先后引起银行破产、企业倒闭、失业人数激增、人们生活水平骤降，而美国在20世纪20年代后不容易实现的"美国梦"也会濒临破产，必须有人来守护"美国梦"。

教师介绍第一位"守梦者"胡佛及他的"自由放任"主义，并展示"胡佛村"图片，引导学生得出结论——胡佛的"自由放任"主义无法带领美国人民走出经济危机，随后的美国总统大选注定了他被人民所抛弃。

（**设计意图**：这一部分我采取了纪录片的教学方式，搭起历史与现实之间的桥梁，运用影像画面特有的魅力及对视觉感官的冲击力，让学生生动、直观地认识1929—1933年世界经济大危机的危害，并且让学生扮演历史剧导演挑选场景，提高学生的学习兴趣和对知识的理解。同时，通过讲解人们对胡佛政府的不满，引导学生认识"罗斯福新政"的背景，实现"导智"和"导学"。）

**2. "守梦者"罗斯福——罗斯福在新政中做了什么？**

教师检查学生的预习成果后重点讲解"罗斯福新政"的内容，教学生用另类方法去记忆"罗斯福新政"，并引导学生归纳"新政"特点。

教师指出，政府的做法要受到群众的监督，引出探究二（记者会）：结合课本、自学提纲及老师上课所讲内容，部分同学扮演记者在课堂上提问，部分同学扮演来自罗斯福政府的官员，回答记者的问题。（学生小组展示）

（**设计意图：**这一部分通过快问快答的方式，检查学生对《罗斯福新政》一课的预习成果，在接下来的重点讲解中可根据学生的预习反馈及时调整讲解的深浅，并让学生论从史出，自行概括"罗斯福新政"的"新"何在。接着采用角色扮演法，让学生亲身重现这段历史，设身处地去理解"罗斯福新政"的实施内容。学生学习积极性高，学习兴趣浓厚，学生主体作用得到充分发挥，教学效果比单纯的教师讲解更好，从而实现"导智"。我特别设计了"记者"这个角色进行当场质疑，学生在表演和观看时都在思考，无论是表演的还是观看的学生，都能较好地融入课堂中，不是纯粹为表演而表演。"记者"的提问即场发挥，实现了"导问"。）

**3. 反思"守梦"方法——民众眼中的罗斯福及"新政"**

教师指出，美国历史博物馆有个美国民众的投票排行榜，引出探究三（中美民众眼中的"守梦者"罗斯福）：美国至今有过44位总统，在最有影响力的美国总统排行榜上，学生认为罗斯福在美国人心目中排名第几？为什么？

学生小组讨论并回答后，教师归纳学生口中的罗斯福上榜理由，让学生理解"罗斯福新政"的深远影响。

教师揭榜，在此榜上美国人认为罗斯福排名第五。学生猜想原因后，教师展示美国民众对罗斯福的评价，有人认为："罗斯福带领国家经历了困难时期——大萧条和二战，但是他极大地扩大了联邦政府的权力。作为一个小政府和国家权力倡导者，我不喜欢他的做法。就我所知道的，一些美国人觉得他往坏的方向改变了这个国家。"也有人认为："罗斯福在任时给予了政府太多的权力。实际上，当我们生活中有需要时，我们会找律师或者会计师而不是直接和政府打交道。在大萧条的非常时期，罗斯福的做法是必须的，但放在今天我不会支持他的决定。"

教师引导学生分析中美对"罗斯福新政"评价不同的原因，实际是中美文化的碰撞，启发学生立场不同，观点不同，要多角度、全方位看历史。

教师再给学生补充美国大学教师提供的新材料："这一新政还不足以使美国摆脱大萧条，但它确实有帮助。新政让人们看到了政府的措施，它确实帮助了一些人。但它对很多人拒之门外——那些非洲裔美国人得到的帮助很少，特别是那些贫穷的农民（佃农）。因为他们没有自己的土地，所以无法获得国家的抵押贷款。"启发学生认识"新政"不是万能的，历史学习要破除迷信。

（**设计意图：**我数月前曾到过美国历史博物馆参观，并拍下了"最有影响力的美国总统排行榜"的照片，罗斯福在榜上的排名出乎我的意料。这一部分先让学生对罗斯福的名次进行猜想并说明理由。鉴于学生刚学完本课知识，普遍会认为罗斯福的排名比较靠前，我引导学生得出"罗斯福新政"的作用。接着揭榜，学生对罗斯福的名次表示不解。我通过对美国民众关于罗斯福及"新政"的三段采访，引导学生从中美文化差异的角度去理解为何中美民众对罗斯福及"新政"的评价会有差异，并给学生相应的历史学习启示，实现了"导智"。）

### 4. 从"美国梦"到"中国梦"再到"湛江梦"——以史为鉴

教师指出，美国人民的"美国梦"是每个人都能追求幸福，中国人也有"中国梦"，即实现中华民族的伟大复兴。我们可以把其缩小为与我们生活息息相关的"湛江梦"，引出探究四（从"美国梦"到"中国梦"再到"湛江梦"）：你的"湛江梦"是什么？结合本课所学知识，从国家、个人等角度，谈谈我们该如何实现"湛江梦"。（学生自由发言）

教师进行小结。古人云："以铜为鉴，可正衣冠；以古为鉴，可知兴替；以人为鉴，可明得失。""以史为鉴"，通常都是从正面积极地告诫人们吸取历史的经验教训，小到把握自己，大到治理国家。希望学生不忘前人的经验和教训，把这节课的知识运用在生活当中，为早日实现"湛江梦"贡献出一分力量。

（**设计意图**：第四部分引导学生以史为鉴，通过对"罗斯福新政"的学习和本质的思考，古今中外相结合，从"美国梦"到"中国梦"再到"湛江梦"，让历史学习具有现实意义，从而推动社会的发展建设，实现"导智"。）

**小结**：根据课标要求，引导学生结合板书对本课所学内容进行归纳总结，突出重、难点。

**板书设计**：

"美国梦"的守护

——罗斯福新政

1. 背景（"美国梦"濒临破灭）：大危机、胡佛"自由放任"。
2. 内容（"守梦者"罗斯福）：4个机构。
3. 特点：国家干预经济。
4. 作用（反思"守梦"方法）：对美国、对世界。

**课后作业**：

1. 复习本课内容，记下你的问题并与学习小组成员讨论释疑。
2. 以学习小组为单位，分别搜集罗斯福和罗斯福新政中的故事，在班里开展主题故事会。

（**设计意图**：第一个课后作业，督促学生在课后及时复习本课内容，让学生养成反思、质疑的良好习惯，通过质疑、答疑使学生对所学知识理解得更透彻，学得更好；第二个课后作业，增加了学有余力的学生的课外阅读量，提高历史学习的兴趣，让学生在故事中学习历史人物的优秀品质，汲取前人的思想智慧结晶，从而实现"导问"和"导智"。）

**结语**：学生齐声朗读教师的原创记忆口诀，结束本课学习。

临危受命罗斯福，国家干预施新政，经济复苏渡难关，开创模式世界传。

（**设计意图**：此记忆口诀包含了"罗斯福新政"实施的背景——"临危受命"，特点——"国家干预"，结果——"经济复苏渡难关"，影响——"开创模式世界传"，既可以总结学生本课所学的内容，又可以使学生加深记忆。）

## 三、教学反思

第一次上该课是在2015年5月科组内上"四导学教课堂"汇报课。课前导学案学生自学，课堂播放微课，运用小组合作的方式完成角色扮演、课堂辩论、探究问题。上课气氛很活跃，课后学生反映也不错。在评课会上，教师大体上反映不错。但有教师认为比赛课中有表演课的痕迹，不是常规可以运用的课堂模式。这引起我的深思，如何从注重课堂的形式到注重课堂的实质呢？

2015年11月，我参加湛江市直属中学高效课堂比赛，仍然是上这一课。我增加了"快问快答"来检测课前自学内容，并对探究题进行修改，贴近学生生活。在岭师附中上比赛课时，学生配合很好，气氛也很活跃，最后获得第二名，仍有提升的空间。两周后我又要参加湛江市高效课堂教学决赛。为了争取获得第一名，我针对坡头一中学生的实际，又对该课进行较大的修改，把微课和课堂辩论部分删除，重新设计导入、进行视频剪辑，并设计了一道名为"民众眼中的守梦者——罗斯福及其新政"的探究题。这道题通过层层追问，反映出中美文化的差异，给学生的历史学习增添了新的角度，引起了学生浓厚的学习兴趣，在赛后也得到很多教师的赞赏，最终我获得了第一名。

我认为特色有三：①原创。通过本人到美国旅游获得的第一手资料设计了探究题，并利用自己在美国的人脉资源，采访美国民众获得当地人民的看法，还创造性地设计了课后练习题和记忆口诀；②贴近学生和现实，设计的创新型问题虽然没有标准答案却让学生有话可说，畅所欲言；③问题环环相扣、层层递进，贴近高考的能力要求。

即使是成功的课堂教学也难免有疏漏失误之处，有教师在课后提醒我PPT上的细节需要再仔细斟酌，比如运用不是当时的图片去讲解历史要打上"现场模拟"的字眼，还有"法律""法案"的不同等，这都要求我今后要有严谨的治学态度。

（本人辅导林菁老师的该课例参加2015年湛江市高效课堂比赛，荣获湛江市第一名）

# 善用家书史料，培养学生的历史核心素养

## ——以"从家书看中华人民共和国成立以来社会的变迁"一课为例

"民间家书"是近几年出现的一个新词，它伴随着抢救民间家书项目引起了大家的广泛关注。作为不说谎的历史，民间家书真实地记录了各时代的社会生活，从某种程度上复原了历史关于老百姓的记忆，帮助我们从历史教科书宏大的叙述中走向历史细节。20世纪以来，史学家们越来越重视研究社会生活史。法国年鉴学派就主张把人类社会日常生活中的细节与重大历史事件联系起来考察，通过社会生活的演变来加深对历史发展过程的理解，丰富人的历史意识。而家书作为教学资源如果在历史教学中得到充分挖掘与合理利用，可以起到很好的教学效果。本文以《往事并不如烟——从家书看中华人民共和国成立以来社会的变迁》一课为例，谈谈家书史料在中学历史情思课堂中的运用。

## 一、根据家书史料，突破教材，建构历史

《从家书看中华人民共和国成立以来社会的变迁》一课是高中必修二单元整合课。高中历史课程标准对本历史主题的学习要求是：了解近代以来人们物质生活和社会习俗变化的史实，探讨影响其变化的因素。本课涉及内容跨度大、时间长、范围广。教材在本专题中，多是以具体的点状知识呈现的，比如衣、食、住、行、社会习俗等在中国变迁的史实。但社会变迁是多方面、多层次的立体过程，既有外在的物质层面的变化，也有内在精神层面和思想观念的变化。中华人民共和国成立后，随着教育和邮政事业的发展，家书的写作、邮寄更加普遍，家书文化进入新阶段。60多年来传统手写家书

记载了中国每个家庭的生活轨迹、情感历程，生动反映了新中国的社会变迁。利用家书史料重构知识体系，更有利于学生了解不同时期社会变迁的特征，培养学生客观思维的能力。

高一学生对新中国社会变迁的史实有了一定了解，但没有对有关社会变迁史实形成系统认识，对理性知识的掌握与理解仍需要直观材料做支持，在教学的过程中应为学生提供大量诸如家书、视频、图片等感性材料，体现历史学科核心素养的渗透，帮助学生加强学科能力的提高。由此，根据高中历史课程标准和历史学科核心素养的相关要求，我把本课内容设计为以下操作流程：

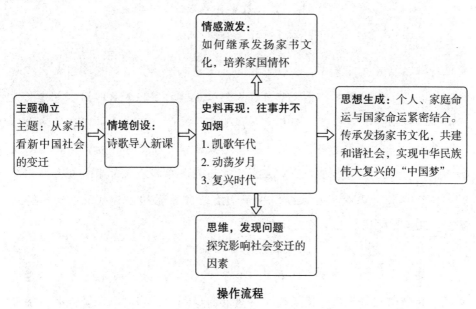

**操作流程**

通过三个时代家书的分享，层层相扣，帮助学生理解新中国社会变迁的具体表现、原因和启示。通过重构历史框架，使学生对繁杂的历史有了清晰的思路；通过家书史料撑起了框架，使学生更好地感受历史、体会历史、思考历史。

**课堂操作：**

导入：学生齐声朗读唐代诗人杜甫的诗歌《春望》，引出诗句"家书抵万金"，讲述家书的作用、家书与历史的联系，导入新课。

（**设计意图**：利用学生熟悉的唐诗，创设情境，引起学生的学习兴趣，激发学生的情感共鸣，并引出本课的研究主题——家书。）

## 二、巧用家书史料，设计问题，智慧生成

李惠军老师曾说过，教材是静态的，问题是动态的。我们要把静态的教材变成问题的素材，家书史料也是如此。家书史料可以为我们教学目标的达成提供很好的资源和利用空间，通过史料，巧设问题，调动学生的学习热情，激活思维，往往有意想不到的效果。在讲授中华人民共和国成立初期的社会变迁时，为了让学生更清晰地了解那个时期人们建设社会主义的热情，了解新中国社会的变迁，我给学生展示了如下材料。

第一篇：往事并不如烟

凯歌年代（1949—1966）

材料一：五六十年代，由社员集资，生产队赞助，请城里剧团来乡下演戏，简直成了周围村民的盛大节日。人们老早就扛了板凳从四面八方赶来，围坐在临时搭建的戏台下，聚精会神地看那昏暗灯光下水平并不高的演出。即使是这种演出，也是偶尔为之，平时的娱乐就是讲故事、猜灯谜、唱山歌和下棋、打牌。后来各生产队建立文化室，村里年轻人在那里自娱自乐，有时也配合形势排点小节目表演给乡亲们看，宣传党的方针政策。（严昌洪著，《20世纪中国社会生活变迁史》）

材料二：望你继续发扬你的优点，争取做个毛泽东时代的好孩子，成为建设社会主义的全面发展的成员。为了扩大你的知识和本领，望你在学校所规定的功课搞好之暇，多从图书室借些科学知识的书籍来阅览，并多练习画画，最好是学习有宣传意义的漫画。（节选自女兵谭姗英致儿子谭安利家书，1955年5月8日，《黄埔女子足迹》）

利用这两段家书史料，我设置了两个层次的问题：

1.以上家书反映了新中国社会的哪些现象？当时为什么会出现这些现象？

2.结合所学知识，指出以下哪些内容会出现在"凯歌年代"的家书中。请把相关内容在时间轴上标示出来。

①包产到户；②农业合作化；③公私合营；④"一五"计划；⑤上山下乡；⑥恢复高考；⑦两岸三通；⑧抗美援朝；⑨"大跃进"。

| | | | | | |
|---|---|---|---|---|---|
| 1949 | 1950 | 1953 | 1956 | 1958 | 1960 |

（**设计意图**：问题的设置可以帮助我们达成两个教学目标：一是知识层面的，知道中华人民共和国成立以来社会变迁的史实，这是本节课的高中历史课程标准要求之一；二是能力层面，利用家书史料在了解历史现象和解释历史的过程中，通过时间轴的构建，培养学生的时空观念；通过对历史事件的背景来分析原因，培养学生分析问题的能力和历史解释的能力，体现了历史学科核心素养的要求。）

## 三、善用家书史料，润泽情怀，感悟历史

德国哲学家雅斯贝尔斯说过："教育要培养一代人的精神，必须先使历史进驻个人，使个人从历史汲取养分。"历史教育，首先是"人"的教育。家书是写信人内心世界的反映，与那些宏大叙事的文体或其他文体相比，它反映了真实的思想和细腻的情感，其中体现的家风家教具有很强的教育意义。因此，在选用家书材料时，我特别注重情思的培养。在讲授复兴时代改革开放后社会变迁的内容时，我先选用一则材料，展示改革开放后社会变迁中的有关家庭文化的内容。

复兴时代（1978年至今）

材料三：由于人与人之间的感情随着彼此生活环境不同而较易变得淡薄，导致夫妇的关系较难长久地发展，离婚个案增多，父母子女之间的关系亦变得较为疏离，兄弟姊妹的争吵亦趋于频繁。在这种情况下，中国传统以家庭为本的观念渐为以个人为本的观念所取代，人们更重视个人的发展与地位，倾向于将个人置于家庭之上，冲击传统家庭文化所建立的道德价值观与行事规范。（据李永芳《改革开放30年中国家庭文化的嬗变》等）

接着，我选用了视频《朗读者》节目中作家麦家的《致信儿子》。这封被誉为"2017最美家书"的信，是麦家给即将远赴大洋彼岸儿子写的一封信。麦家儿子进入青春期变得十分封闭，不与家长进行任何交流，父亲在面对叛逆的儿子时选择了陪伴、理解和宽容。麦家说，这封信他整整准备了

18年，体现了浓浓的父子情。

（**设计意图**：本篇通过播放视频的教学方式，搭起历史与现实之间的桥梁。运用视频直观的视觉冲击和朗读特有的感染力，让学生直观、生动地去体会家书中的父子情。）

不少学生在看完视频后，深受感动，潸然泪下，纷纷表示要反思自己和父母的关系，学会珍惜，学会感恩。

## 四、超越家书史料，见微知著，感悟升华

爱德华·卡尔在《历史是什么》中说过："历史是历史学家跟他的事实之间相互作用连续不断的过程，是现在跟过去之间永无止境的问答交流。斗转星移岁月变迁，使历史成为现实与未来的背影，但它的价值却永远面向现实与未来。"在历史教学的过程中，我也非常注重让学生描述概括历史阶段特征，多角度理解历史事件发展变化与延续、局部与整体之间的因果关系，强调历史事件之间的联系、历史与现实的价值。

在新中国社会变迁的学习后，我给出表格，与学生一起总结本课的内容（教师用PPT展示并讲解）。

**本课内容总结表**

| 时期 | 家教家风 | 家书特点 | 时代背景 |
|---|---|---|---|
| 凯歌年代（1949—1966） | 爱国爱家、乐岗敬业、好学上进 | 豪迈激情 | 政治：中华人民共和国成立，三大政治制度确立<br>经济：社会主义制度建立，全面建设社会主义 |
| 动荡岁月（1966—1976） | 政治色彩强烈 | 革命政治色彩浓厚 | 以阶级斗争为纲 |
| 复兴时期（1978— ） | 读书传家、注重个人精神层面修养 | 务实丰富多彩 | 政治：环境宽松<br>经济：改革开放，经济发展<br>思想：解放思想 |

（**设计意图**：在讲授不同时期家书后，紧扣材料，通过并不如烟的家书往事，掌握中华人民共和国成立以来社会的变迁、发展，学会通过历史现象看本质，以小见大，见微知著，并深化个人、家庭命运与国家命运紧密结合的认识，体现了本课的核心素养——家国情怀的培养。）

在探究影响社会变迁因素这个问题时，展示学生原创漫画《不同时代的家书》，让学生观察漫画，并从政治、经济、思想等方面思考影响社会变迁的因素。

**学生原创漫画《不同时代的家书》**

（**设计意图**：针对影响社会变迁的因素这一难点，利用学生自创漫画，激发学生学习兴趣，并讨论思考影响社会变迁的因素有哪些，培养透过历史现象看本质和发现问题的能力。）

由于社会和科技的发展，越来越多的通信工具替代了家书，家书文化正面临消亡态势。探究：面对这种态势，我们该如何去继承发扬家书文化？

学生自由畅谈、讨论。

教师向学生介绍张丁及民间家书抢救活动，强调家书可以消失，但家书文化不可以消失，家书中的家教和家风更加要继承。把传统家书中那种真诚的表达方式，那种人与人之间的亲情、友情，整个社会和谐的氛围传承下去，共建和谐社会，实现中华民族伟大复兴的中国梦。

（**设计意图**：引导学生领悟家书文化的价值，激发学生了解、热爱、发扬家书文化的热情，树立对待家书文化的正确态度，弘扬社会主义核心价值观，培养家国情怀。）

综上所述，作为一种特殊的史料教学资源，家书史料有其独特的理论价值。将家书史料纳入中学历史史料教学的视野之中，不仅有助于培养学生的历史思维能力，而且也是继承与发扬中国传统文化的应有之义，对于树立民族自尊心和自信心的情感培养也发挥了应有的作用。作为主观性较强的史料，在家书史料使用过程中，要注意两方面：①适度和适量的家书史料，是激活历史的前提，不可盲目堆砌史料；②家书史料的逻辑性是激活历史的关键，不可独用家书史料，可辅以相关图片、视频史料，注重史料实证，孤证不立。只要我们合理运用家书史料，一定可以创造出一个有灵魂、有智慧、有温度的历史情思课堂。

（本人辅导魏嘉嘉老师的该课例，获2017年《中学历史教学参考》全国中学历史公开课海选一等奖）

# 以家国情怀为灵魂的历史课堂初探

学科核心素养是当前教育领域的一个热词。2017年新修订的高中历史课程标准明确提出"以培养和提高学生的历史学科核心素养为核心的课程与教学的新理念"。关于历史核心素养之一的家国情怀有如此的表述："家国情怀是学习历史和认识历史在思想、观念、情感、态度等方面的重要体现，是实现历史教育育人功能的重要标志。"因此，家国情怀又被称为历史教育的灵魂。那么怎样使家国情怀这一核心素养有效"落地"呢？下面从课堂常规教学、乡土历史教学及命题考试三方面谈谈我的一些做法。

## 一、历史常规课堂是培养学生家国情怀的主要阵地

在我们的教材中，关于家国情怀的材料是十分丰富的。必修一以家国同构的中国古代早期政治制度开篇，阐述了统一的多民族国家制度的建立及其特点；必修二从精耕细作的传统农业这一中国古代最重要的民生入手，讲述了中国古代社会的经济结构和经济政策；必修三则从儒家思想的形成与演变入手，阐述治国理政思想、个人修养与天下兴亡的关系。这为历史教师对学生进行家国情怀的培养提供了坚实的基础。以家国情怀为灵魂贯穿课堂时，学生不但能学到历史知识，提高历史思维能力，更能得到情感态度与价值观的教育。

家国情怀的培养不是孤立的说教，需要与历史时空观、史料实证、历史解释等核心素养的培养形成合力作用。例如，在教授《从汉至元政治制度的演变》一课中的"科举制"时，我以中国传统戏曲内容导入：传统戏曲总喜欢描述一位穷困潦倒的书生，在备受冷落歧视、艰辛困苦后，得到小姐的同情和资助，然后上京赶考，一夜之间就考中状元衣锦还乡，最后奉旨完婚，

皆大欢喜。设问：这些故事自古深受老百姓喜爱，体现了怎样的价值取向？利用戏曲故事激趣，为探究问题埋下了伏笔。讲完科举制的背景、内容后，展示两段材料引导学生进行探究。

材料一：（唐太宗）尝私幸端门，见新科进士缀行而出，喜曰："天下英雄，入吾彀中矣。"（王定保《唐摭言》）

材料二：作为一种上千年的文化存在，科举显然有其客观的历史合理性，否则我们就无法解释其存在的持久性。……科举的创新之处就在不仅为社会底层的知识分子提供了持续流动的可能，而且将其制度化。……科举制度的最大合理性在于它那"朝为田舍郎，暮登天子堂"式的"机会均等"……的机制，对知识分子的社会心理是一种塑造，客观上激励了个人的奋斗精神。（薛明扬《中国传统文化概论》）

问题：

1. 结合材料一、二及所学知识，谈谈科举制的作用。

2. 根据材料二说明科举制对今天人才的选拔有何历史借鉴价值。

学生通过阅读材料，结合课本，分别从国家、个人、社会等角度评价科举制的作用。第二则材料实际上反映了科举制具有激励个人奋斗精神，人们渴望公平合理的社会、向往美好生活、为国效劳的责任担当等价值追求。这样较好地回答了一开始所设问的关于老百姓的价值取向问题，也就对学生进行了生动的家国情怀教育。

又如，在讲授《抗日战争》一课时，我展示了若干则抗战家书，有吉鸿昌就义前写给妻子的绝笔信"我是为时代而牺牲的"；有赵一曼写给儿子的遗书"母亲和你在生前是永没有再见的机会了。……母亲不能用千言万语来教育你，就用实行来教育你"；有左权写给妻子的信，左权不但谈及战争及形势，揭露日本侵略者的暴行，而且字里行间饱含他对妻子和女儿的牵挂。学生代表深情地朗读这些抗战书信，许多学生流下了热泪。学生在这个过程中对家国情怀有了更深的理解，在理解的基础上产生了情感认同。

## 二、利用乡土历史培养学生的家国情怀，自然亲切

乡土历史是在学生生活的环境发生、发展、演绎的，把乡土历史融入课堂，从情感上来说学生比较容易接受。当历史融入生活时，它就变得"可望

而可及"；当历史融入生活时，学习就变得生动和亲切。一片瓦当、一块残碑、一座建筑，都蕴含着历史信息。学生参与其中，去体验祖祖辈辈生活的这片热土，对故乡的爱恋之情就会油然而生。因此，利用乡土历史开设校本课程，进行研究性学习成为培养家国情怀的又一阵地。

我校为适应校本课程的开设、研究性学习的需要，编写了《湛江特色历史文化》校本教材。该教材包括"雷州半岛古代历史发展沿革""海上丝绸之路始发港研究""雷州石狗研究""湛江民俗文化""历史视窗——近代湛江人民抗法斗争"等专题。这些成为我们上好历史校本课程、指导学生进行研究性学习的很好资源。

在讲授选修的校本课程时，我们把雷州半岛历代在科举考试中考中状元、举人等一些名人的生平介绍给学生。我们鼓励学生像先辈一样从小立志成才。我们布置一系列课后探究活动，如"请通过查阅家谱、族谱和访问长辈，了解你的家族在雷州半岛扎根的历史""通过走访霞山区'汉口路—东堤路—洪屋路'地段，你了解了近代广州湾的哪些历史文化？请为政府计划建造法国风情街提几点建议""中国古代海上丝绸之路有哪些著名的港口城市？取其中有名的1～2个城市，说说它们在保护历史文化遗产方面有哪些是我们湛江应该学习的"等。对此学生表现出极大的兴趣，他们以小组为单位走出校园实地参观，访问社会各界人士，获得了非常丰富的史料。我们把这些探究活动的成果以手抄报、摄影展、板报等形式公开展览，使历史教学"活"了起来。

学生学习本土文化的兴趣增强，热爱家乡、报效祖国的家国情怀得到升华。一名学生在研究性学习的小论文中写道："雷州石狗是历史留给我们的珍贵而凝重的礼物，我们从它的身上窥见了历史的天空。它展示给我们的是古人的智慧和灿烂文化。面对这份圣洁的文化，我们应该感恩，应该感叹，应该思考，应该有所行动！我们应该把这份灿烂文化展示于世人面前，我们应该以客观的目光来审视这份凝重的历史文化，让它绽放光芒！沉睡了几百年的雷州石狗，它将苏醒，它将咆哮！"

## 三、高考复习训练中培养学生的家国情怀是必需

高考历史命题以立德树人为核心，家国情怀在近年的高考试卷中得到了

充分体现。高三的复习训练，学生既练习答题技巧和能力，也在阅读、思考中培养核心素养，特别是历史试题中常常蕴含着有关家国情怀的史料。第一类是高考真题中的家国情怀。例如，2017年全国Ⅰ卷第41题依托近代法国和中国的民族主义设题，其中渗透了近代以来不同国家追求民族解放、国家民主这一体现"家国情怀"的核心知识点。第二类是各省市模拟题，如2018年广州一模第41题以"乡约"为题，与2018年高考全国Ⅰ卷第41题有异曲同工之妙，体现以"惩恶扬善""道德教化"制定乡约制度来加强对民间基层的管理，突出家国情怀和文化自信，激扬家国情怀，弘扬核心价值。第三类是我们自己命制的原创或改编题。收集史料或时事热点，将其设计成为对应高考命题要求的题目，家国情怀的主题是必不可少的。

# 基于学科核心素养的教学设计案例

教学是一项有目的的理性行为，通过教学活动使学生获得相应的学习结果。这个教学结果就是我们教学的目标。当前的历史教学目标是坚持落实立德树人的根本目标。学生通过历史课程学习，形成历史学科核心素养，得到全面发展、个性发展和持续发展。历史学科核心素养包括唯物史观、时空观念、史料实证、历史解释、家国情怀五个方面。目标高远，最终如何落实到课堂中，教学设计是关键。而教学目标是教学设计的灵魂。教学设计要回答的是为什么教、教什么、如何教、效果如何等问题。对上述问题的回答实际就是教学设计包括的要素，如下图所示：

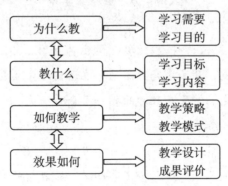

**教学设计的要素**

为了贯彻新课标的理念，历史学科的教学设计应该追求有内涵、有思想、有魅力，应该历史味浓、思维力足、对话场强。

我在讲授岳麓版必修三第28课《国运兴衰，系于教育》一课时，根据课标要求及学科核心素养设计了以下教学目标：

（1）通过阅读教材及回顾必修一、二的内容，在时间轴、表格内填写中华人民共和国成立以来各时期的政治、经济、教育大事，使学生掌握新中国各阶段特征及教育发展的成就，培养学生的时空观念。

（2）通过史料阅读，探究中华人民共和国初期教育取得较大成就的表现及原因；通过"教育大革命"时代的宣传画、报纸的数据，提取该时代教育表现的信息并分析原因，培养学生史料实证、历史解释的核心素养。

（3）通过展示20世纪60年代、90年代后中学教材关于洋务运动的不同阐述，探究不同的原因，培养学生发现问题并能合理解释历史问题的素养。增强唯物史观。

（4）通过课前布置学生采访长辈的教育故事、收集古今中外教育名言、课堂上讲述长辈的教育故事等活动，理解教育兴衰系于时代、国运兴衰系于教育的道理。培养学生历史叙述能力及家国情怀的核心素养。

该教学目标包含了如何教、为什么如此教的内容。设计中体现了历史的时代性特点；探究性活动体现了培养学生历史思维力的目标；小组合作探究、口述历史讲述长辈的教育故事，对话性强，可以营造活跃的课堂气氛。有了好的设计才能支撑起有魅力的课堂。

**课例：岳麓版必修一第五单元第19课**

### 俄国十月社会主义革命

**一、教学理念**

根据新课标的要求，课堂教学以学生为主体，做到"以学生发展为本"，创设问题情境，开展探究性活动。在课前给学生预习资料，上课时教师扮演领路人的角色，学生在教师的指导下合作探究，并自我总结，形成知识结构，获得成功体验。

**二、教材分析**

本篇目是岳麓版必修一第五单元第19课。从教材的空间角度看，十月革命是马克思主义的实践和发展，它对俄国和世界历史产生了深远的影响，而且对我国的新民主主义革命起到了鼓舞的作用。

从高考的命题情况看，关于十月革命的内容，各省高考题五年考查了6个选择题，新课标还没有考查过，可见也是一个教学过程中的重点。

**三、学情分析**

高一的学生有了一定的基础，但对基础知识把握得不到位，知识未形成体系，把握不住内在的联系，同时对史料解读有困难，所以在教学设计中要对症下药，在高一阶段既要注重基础的落实，又要注重方法的归纳和指导，从而提升学生的历史思维和培养学生的核心素养。

四、教学目标

1. 新课标要求

了解列宁领导下的十月革命爆发的原因、过程，理解十月革命的世界意义。

2. 教学目标

（1）通过时间轴，学习俄国十月革命胜利的过程，掌握基础知识，从而指导学生逐步形成板块的知识体系，培养学生时空观念的历史核心素养，达到能力和方法的提升。

（2）通过史料阅读和小组探究，理解俄国十月革命的条件和意义。提高学生历史思维和史料实证的历史核心素养，达到能力提升的目的。

（3）通过对十月革命的学习，理解十月革命是世界上第一次取得胜利的社会主义革命，渗透社会主义最终由理想变为现实的发展观念，培养学生对社会发展规律性的认识，从而感悟十月革命精神。

五、教学重点、难点

根据新课程标准与命题趋势确定以下教学重点、难点：

**重点：**从主客观的角度分析十月革命爆发的条件。

**难点：**从进步和阻碍的角度分析俄国十月革命的历史意义。

六、课型：探究课

七、教学过程

**整体构想：**整体思路围绕历史学强调的"是什么""为什么""怎么样"三个环节展开。并且根据新课标的要求，课堂以学生为主体，创设问题情境，开展探究性活动。学生课前预习，课上学生在教师的指导下合作探究，并自我总结，形成知识结构，获得成功体验和感悟。

**导入：**以十月革命100周年纪念日阅兵仪式的图片作为导入。（2分钟）

**教师：**同学们，今天我们一起来学习俄国十月社会主义革命。在学习之前，我们先来观看一组图片。这是十月革命100周年纪念日阅兵仪式的场面，从这正气凛然的身姿、严肃的表情、敬仰的眼神中，我们可以看到十月社会主义革命在俄国人心中的地位。当然，不止俄国，还有中国等国也举行了不同形式的纪念仪式。那么今天，我们就一起来探寻十月社会主义革命的始末，感受十月革命的奇迹和先烈们的魅力吧。

（**设计意图**：以2017年十月革命100周年纪念日阅兵仪式的图片作为导入。高颜值的军官和市民在阅兵仪式中的画面，能够吸引学生的眼球，也感受到人们的敬仰，从而提高学生探寻的兴趣，也能拉近学生与历史事件之间的距离。）

**过渡**：本节课，我们主要从以下三个方面来学习，是什么，为什么，怎么样。下面，我们先看是什么，也就是弄清楚十月革命的始末。

**预习展示：**

### 第一章　印象·十月（7分钟）
预习展示：我所了解的十月革命

1. 什么是十月革命？（核心概念界定）

**教师**：首先，我们来看十月社会主义革命的核心概念。与上节课我们讲述的辛亥革命一样，它也有广义、狭义之分。

**广义**：指1917年俄国革命的整个过程。

**狭义**：特指1917年俄国革命的第二阶段。1917年11月7日（俄历10月25日），俄国工人阶级和农民在以列宁为首的布尔什维克党的领导下进行的社会主义革命。

（**设计意图**：率先界定核心概念，有利于学生知道十月革命是什么，加深印象并深入了解。）

**过渡**：接下来，我们一起来了解广义上的十月革命，来理清十月革命的始末。

2. 广义上的十月革命主要包括哪些大事呢？

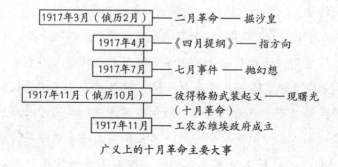

广义上的十月革命主要大事

**教师**：二月革命（1917年3月、彼得格勒），结果是推翻沙皇专制统治，形成两个政权并存局面。所以性质是资产阶级民主革命。

《四月提纲》（列宁），规定了资产阶级民主革命过渡到社会主义革命的路线，提出"全部政权归苏维埃"的口号，为革命指明方向。使用的方式是和平夺权。

七月流血事件，工农联盟遭到临时政府血腥镇压，两个政权并存局面结束。表明革命和平发展已不可能。

彼得格勒武装起义——十月革命（1917年11月7日），经过：攻占冬宫，阿芙乐尔号，结果是推翻资产阶级临时政府，工农苏维埃政府成立，第一个社会主义国家建立。所以性质是社会主义革命。

（**设计意图**：通过时间轴和思维导图的形式罗列并理清十月革命过程中的大事件，明晰始末，构建知识体系。）

**过渡**：新生的苏维埃政权代表了人民的根本利益，如何理解?

3.如何理解新生的苏维埃政权代表了人民的根本利益?

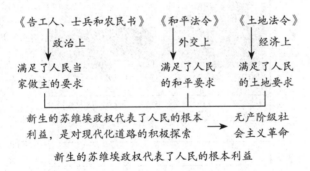

新生的苏维埃政权代表了人民的根本利益

**教师**：要看新生的苏维埃政权是否代表了人民的根本利益，就要看它是否满足人民的要求，如人民当家做主的要求、对和平的要求、对土地的要求。新生的苏维埃政权颁布了几个法令，分别是《告工人、士兵和农民书》《和平法令》《土地法令》，这分别从政治上、外交上、经济上满足了人民的要求，所以我们说新生的苏维埃政权代表了人民的根本利益。

（**设计意图**：通过颁布的法令去理解十月革命后新生政权的性质，培养学生论从史出的历史思维。）

**过渡**：马克思说过，社会主义革命必须在几个高度发达的资本主义国家同时实现。而列宁说，在一个落后国家也可以首先取得胜利。历史也证明了

91

在相对落后的俄国实现了列宁的这一论断。下面，我们一起来探讨俄国十月社会主义革命胜利的原因。

小组讨论：

## 第二章　探寻·十月（21分钟）

### 追根溯源：探寻十月革命历史

**探寻之一：客观与主观**

请结合以下材料，谈谈你对"偶然与必然"的理解。

材料一

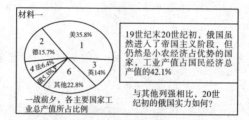

美35.8%

2 德15.7%

1

4 法6.4%　俄5.3%

3 英14%

6 其他22.8%

一战前夕，各主要国家工业总产值所占比例

19世纪末20世纪初，俄国虽然进入了帝国主义阶段，但仍然是小农经济占优势的国家，工业产值占国民经济总产值的42.1%

与其他列强相比，20世纪初的俄国实力如何？

材料二

1861年，农奴制改革"解放"后农民的生活

《伏尔加河上的纤夫》（绘于19世纪后半期的俄国）

根据俄罗斯最新统计资料，1907年各种形式的农民反抗达179次，1914年发生1046次

材料三

在工业领域，工人每天工作12～14小时，有些企业甚至达到16～18小时。工资很少，一个月仅有6～19卢布，完全不够养家糊口。工人被剥夺了参加自己组织的权利，如果罢工将被关押2～8个月

1910年经济罢工有214次，政治罢工8次，1914年经济罢工迅速上升到1370次，政治罢工达1034次，参加者近10万之众

材料四

因为参加一战，在1917年，农村男劳动力减少47.4%。粮食收获量减少1/4。
参战造成300万难民无家可归，缺衣少食。很多人在战争中断送生命、受伤致残和死于瘟疫。
因为饥荒，1916年罢工有1500起，参加人数超过100万。
农村头5个月就有510次起义

材料五

俄国无产阶级深受压迫，又相对集中，有很强的革命性和战斗力。更为重要的是俄国无产阶级有坚强、成熟的布尔什维克党领导，有杰出的革命领袖列宁。还有，俄国农民深受压迫，较容易结成工农联盟

**十月革命的历史材料1**

**教师**：方法指导一——主客观条件、原因。

历史学科中的客观条件：指不依赖于人的意识而存在的一切事物。不管人们是否认识它、是否知道它、是否承认它，都照样存在的，就是客观的。比如万有引力，在牛顿发现它之前就已经存在，尽管人们感觉不到、认识不到，自从有地球开始它就存在，那它就是客观的。客观既包括有形的，也包括无形的。

历史学科中的主观条件：跟客观条件正相反，指被人的意识所支配的一切。比如人们想问题、做事情，都属于主观范畴。

造成某历史事件的原因：原因=主观（内因）+客观（外因）。

（1）主观原因：事件发起由参与者内在的经济、政治、思想诸方面原因决定。

（2）客观原因：自然、社会环境、外在方面、经济、政治、思想因素等。

| 1.客观条件： | 2.主观条件： |
| --- | --- |
| （1）俄国已进入帝国主义阶段——物质基础；<br>（2）社会发展落后，成为各种矛盾焦点，革命一触即发——俄国是帝国主义链条上最薄弱的环节；<br>（3）"一战"激化俄国矛盾——革命催化剂 | 俄国工人阶级及政党成熟——俄国革命成功最优越的条件。<br>（1）有杰出的革命领袖——列宁；<br>（2）有坚强、成熟的政党领导——布尔什维克党（组织基础）；<br>（3）有成熟的革命理论——列宁主义（思想基础）；<br>（4）工人运动不断高涨，农民是同盟军（阶级基础） |

**历史事件的主客观因素**

**探寻之二：阻碍或进步**

请结合以下材料，探讨十月革命的伟大意义。

材料一：

材料二：

材料三：

材料四：

材料五：

**十月革命的历史材料2**

**教师**：马克思主义由理论变成现实（苏联奇迹）；社会主义现代化模式；殖民地半殖民地人民的新希望；深刻影响了世界政治格局；改变了人类历史的发展进程。

**教师**：方法指导二——图片史料的解读。

根据史料的呈现形式不同，可以将其分为两大类：一类是文字史料，一类是图片史料。

其中图片史料又可以分为绘画、漫画和新闻照片等不同类别。就可信程度来说，新闻照片的可信度最高，可以归为实物史料一类。漫画蕴含着一定的历史信息，但也有夸张、讽刺的内容，表现了作者鲜明的立场、态度。漫画用夸张的方式，深刻反映了历史事件的本质。解读漫画类图片的方法：读画面，联史实，解题意。漫画很多，其中也不乏虚而不实的内容，在欣赏漫画的时候，要注意甄别，合理应用所学历史知识。

课堂练兵：下表是俄罗斯一家咨询机构1990—2006年就"十月革命给俄罗斯人民带来了什么"所做的四次调查的结果。

**十月革命给俄罗斯人民带来了什么**

| 咨询答案 | 1990年（%） | 1997年（%） | 2004年（%） | 2006年（%） |
|---|---|---|---|---|
| 在俄国各族人民的历史上开辟了新时期 | 23 | 23 | 30 | 30 |
| 推动了社会经济的发展 | 26 | 26 | 27 | 30 |
| 阻碍了社会的发展 | 18 | 19 | 16 | 16 |
| 是一场灾祸 | 12 | 16 | 14 | 10 |
| 难以回答 | 21 | 16 | 13 | 14 |

思考并回答问题：你怎样看待今天的俄罗斯对十月革命的不同态度？你认为十月革命对俄国而言意味着什么？我们从苏联的历史中应反思些什么？

（**设计意图**：问题探究教学，从激发学生求知欲和培养学生的问题意识的角度出发，围绕本课的重点、难点设置了这两个问题，并将问题贯穿于教学之中。学生通过阅读材料、分析探究、小组讨论，最终在教师的指导帮助下实现了重点、难点的突破，从而也提高了学生的历史思维和史料实证的历史核心素养。）

**再现感悟：**

### 第三章　感悟·十月（5分钟）

精神信仰：走进十月英烈精神

**设问：**

美国《时代周刊》发出疑问：列宁的十月革命精神到底会走多远？

观看视频，感悟精神。

你认为革命先辈们身上拥有哪些值得我们传承的精神品质呢？我们应该如何向他们学习？

**精神传承：**

抛头颅洒热血的爱国主义精神；舍小家为大家的无私奉献精神；愈挫愈坚、百折不挠的革命精神；为实现无产阶级专政的伟大理想而奋斗的高贵品质……

（**设计意图：**历史视频，再现十月革命画面，引起学生的学习兴趣。直观的画面、震撼的音乐，渲染了气氛，更能让学生深入感悟十月革命精神。）

**小结：**（2分钟）

今年是纪念"十月革命"的100周年，在刚刚闭幕不久的中共十九大上，习近平总书记做的政治报告指出：

"一百年前，十月革命一声炮响，给中国送来了马克思列宁主义。中国先进分子从马克思列宁主义的科学真理中看到了解决中国问题的出路。"

（**设计意图：**以十九大上总书记的政治报告部分内容来升华本课，回应了开头，首尾呼应，精神贯穿整个课堂。）

**课堂巩固练习：**（略）（3分钟）

**八、板书设计**

俄国十月社会主义革命

　　1.印象·十月

　　　　（1）概念：广义、狭义

　　　　（2）过程

　　　　（3）三大法令

　　2.探寻·十月

　　　　探寻一：主客观条件

　　　　探寻二：促进或阻碍的影响

　　3.感悟·十月

（**设计意图：**框架式板书，理清知识脉络，建构知识体系。）

**九、作业设计**

找出你知道的生活中与苏联有关的任何事物（如名称、人物、思想、体制、词语、书籍、歌曲、电影、电视剧等），体验苏联对中国社会生活的广泛影响。谈谈你的感想或启示。

（**设计意图**：联想、归纳所了解的苏联历史，一方面有利于掌握有关苏联各方面的知识；另一方面，再现历史、体验历史、感悟历史，关注社会、关注生活。）

**十、教学反思**

本课堂设计，思路清晰，贴近时事热点，重难点突出，注重方法论指导，体现了历史的核心素养。

在课堂讲述的过程中，学生对"探寻之二：阻碍或进步"中材料五——近六十年社会主义国家全图深感兴趣，无奈课堂时间有限，未能展开探讨，只能课后讨论了。

另外，教学设计上，由于课堂时间有限，未能面面俱到，如十月社会主义革命和巴黎公社的比较。未能涉及的，学生又容易混淆的，只能通过课堂练习加强了。

（本人辅导吴彩英老师的该课例，获湛江一中2018年新课标教学设计一等奖）

第四章

历史原来可以这样学

——以多元化的作业孕育核心素养

　　作业是教师布置的学习任务，它是日常教学工作常态的反映。传统的历史作业的目的是为了巩固知识目标。学生被动接受教师布置的作业，一部分学生觉得历史作业是负担，做作业效率低，甚至应付了事，影响了学业成绩。普通高中历史课程的目标是坚持落实立德树人的根本任务。学生通过历史课程的学习，形成历史学科核心素养，得到全面发展和持续发展。历史作业的布置也应该围绕这个根本任务和核心素养展开。特级教师吴磊认为当前很多历史教师对作业的设计不够重视，"作业形式单一，味如嚼蜡，考试机械重复，毫无趣味，长此以往，历史作业和测试犹如鸡肋，不但不能激发学生学习的兴趣，加重了学业负担，而且创新思维能力得不到培养，也不利于学生终身的发展"。巩昂的《美国高中作业·历史卷》一书，介绍了美国历史作业种类主要有12种形式。他认为美国是从中学起就开始注重培养研究型人才、创造型人才、独立思考型人才的。我校近年开始开展多元化的历史活动，布置形式多样的历史作业，激励不同程度、不同特长的学生主动参与到作业当中，目的是让每个学生在历史学习中体验成就感，帮助学生充分释放潜能，让每个学生做更好的自己。

# "拍历史"的作业

激发学生有兴趣和热情去完成历史作业，我们首先从身边的历史着手。以"'随手拍'身边的历史文化"摄影活动为例，我要求学生利用节假日用手机、相机将当地的古迹（如古港、古庙、古村、古街、名人故居等）和独特文化习俗（如傩戏、飘色、年例、春节、元宵等传统节日特色表演）进行拍摄记录，并对所拍的古迹、文化习俗进行整理、归类。上交的图片、相片（可一张，亦可多张组合成系列）需附上简要的文字解说，说明其历史溯源、特色等。教师收集学生的作品进行评比，优秀作品在校园公开展示并给予奖励。

古代雷州半岛有石狗文化，作为古代流放地留下许多被贬官员、文人墨客的遗迹，还有近代法国殖民统治的历史遗存，使湛江的历史资源比较丰富。一般学生都有手机、相机，为学生参与这一活动创造了必要的条件。

学生在活动中亲身去探索发现。他们不仅仅是简单地拍摄照片，还可以通过查找资料、访问等方式，深刻挖掘其背后的历史渊源与内涵，学到他们在课本上学不到的历史知识，也感受到历史学科的魅力所在。历史不仅仅是教室内的、课本上的，其实也存在于我们的身边，是看得见摸得着的。

通过随手拍活动，使学生更加了解湛江的历史及乡土文化，文化良知、历史责任感及对家乡的自豪感油然而生。我们日常生活中司空见惯的一石一木，或许就背负着一则则动人的故事，它们在等待倾听者。在感悟中有学生呼吁："奈何急功近利的'建设性'破坏行为仍在大行其道，且有愈演愈烈之势，我们应该有保护历史文物古迹的意识！"在这个过程中，培养了学生的家国情怀和责任担当的精神。

**学生们在看优秀作品展**

以下为2016届学生作品。

## 染坊街剪影

高二（24）班 陈莹

染房街有一列拱券式骑楼建筑，建于20世纪20年代。当年也是一处渡口。路口有一座隘口式的建筑，人们相信它是当年保护商埠安全的"更楼"。

**2016届高二学生作品1**

# 静 园

高二（23）班　卓群苑

从赤坎南兴街往里走，就可在路右侧发现一处庭院。这座庭院是广州湾商会第一任会长陈斯静所建，因此人称"静园"。通向庭院内的走道为一条巴黎风格的拱廊，主楼两侧有圆柱和彩色玻璃，西式风格明显。

2016届高二学生作品2

## 徐闻贵生书院随手拍有感

高二（23）班　李彩欣　夏铭霞

有感于雄宏壮观的历史文化，我们带着崇高的敬意来到徐闻县徐城镇旧城内的贵生书院。这座古老的书院是明代大戏剧家汤显祖于1519年贬任徐闻典史时，有感于当地士子轻生而建立的。贵生书院体现了汤显祖"天下之生在于贵重"的思想，即要求"尊重生命，多学知识"。

"天地孰为贵，乾坤只比生。海浪终日鼓，谁悉贵生情。"这是汤显祖所作的《徐闻留别贵生书院》。为纪念他留下的宝贵的精神财富，我们将带上摄像机到书院取景拍摄，传播其贵生思想。

进入贵生书院，腐朽的木门以及粗壮的大树已让我们了解到这座书院的古老。由于当地缺少管理，且无人进行维护，书院的许多木门牌匾上都蒙上了一层灰，且具有观赏价值的油画都已褪色，导致拍摄出来的效果不怎么好。为了呈现更完美的历史文物，我们几经辗转，找到了一些色彩艳丽的油画，但油画的位置较高，我们便齐心协力，一人双手举相机，一人找好位置和采光点，通过移动相机的位置最终完成了拍摄。

爱历史，以严谨的历史态度观赏历史文化古迹，是我们应有的学术态度。了解历史，走进历史人物的内心世界，有助于我们开拓知识境界。也许我们能捕捉的只是一些照片，留在心中的却是永远的历史精神。

### 梦回广州湾
高二（17）班　梁愿

每一个地方，无论大小，都有其独特的发展历史以及富有个性的地方文化。作为一个生长于湛江的人，广州湾那一段曾沦为法国租借地的历史深深吸引着我。

随着"法国风情街"景观的建成，广州湾那一段往事渐渐掸去历史的尘埃，深入取景之后，梦一般的广州湾轮廓渐渐清晰：庄严神圣的维多尔天主教堂展示着哥特式建筑的精致；曾经的法国公使署现已成为广州湾历史博物馆，默默阐述那段抗法血泪史；静静伫立的法国警察署仍有百花相伴……这些珍贵的历史遗址是广州湾历史的见证，游历其中，仿佛梦回从前那段岁月。历史遗址是过去的时光派往现今的使者，从中我们可以了解到当时广州湾如何被屈辱占领，湛江人民如何英勇抵抗，在反思历史的悲凉中思考如何使今日更加繁荣。

梦回广州湾，这些法式建筑为美丽的湛江注入了深沉的历史底蕴，更激励着我们，为家乡的繁荣发展而奋斗。

后记：李宇虹老师以"'随手拍'身边的历史文化"为题撰写了教学

设计，参加全国中小学论文比赛并获得一等奖的好成绩。她在教学反思中写道："在教学实践中，要让学生真正活动起来，并切合主题，就一定要寻找学生感兴趣的主题，教师要尊重学生、倾听学生的心声，这样，才能使学生乐学，才能真正营造轻松、和谐的氛围。"高二年级的学生，已经具备一定的知识储量，并且能够自行选择与独立判断。但是高中的学习课业压力大，学生要备战高考，所以教师的作业布置要符合学生实际，应该多鼓励学生积极参与、勇于尝试。学生很多时候喜欢单独行动，要引导他们与同伴合作。合作学习更有利于学生之间的互助互动，发挥集体智慧的魅力，培养学生的团队合作精神和与人相处之道。

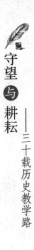

# "写历史"的作业

近年来中学生写史活动在民间历史研究机构的推动下得到重视和发展。中学生通过访谈、查阅资料，通过自己的笔，追寻逝去的时光，讲述自己家族的故事，见证平凡中的沧桑，表达对亲人的敬意和爱意，培养家国情怀的历史素养。

普通高中历史课程要求："能够运用多种方式叙述过去，能够在不同的时空下对史事作出合理的解释，在认识现实社会时，能够将认识的对象置于具体的时空条件下进行考察。"通过中学生书写身边的人和事，可以培养学生的叙事能力。"我手写我思"，叙述和分析是历史的双翼，在写史过程中历史解释、历史"理解之同情"的历史核心素养得到培养和滋润。

2017年，湛江市教育局教研室组织"历史情思与当代意识"学生历史征文比赛，我们指导高一学生结合家史家风进行写作，提交的作品中共有6篇获一等奖、6篇获二等奖。梁盈同学的《古留家风今人传》一文写到了自己爷爷奶奶的故事：

60多岁的爷爷说："在我们那一辈人的年代，小时候吃不饱穿不暖这是正常的。村子里的生活很艰苦，每家每户的孩子自打出生开始就注定与劳作分不开，他们光着脚丫上山砍柴，裸着身子在河边挖田螺，小小的肩膀挑起大大的水桶去井边打水，这些都是必须要做的事情。"爷爷兴致勃勃地向家里的几个孩子描绘着他老人家的童年时光。若有所思，若有所忆。那是一个普通民众生活得不到保障的年代，爷爷从小就是一个勤学好问的孩子，后来成为村子里稀有的知识分子，这正是得益于良好的家庭教育。爷爷的爸爸、祖父以四维八德的儒家思想教导他，并且对他很严格。爷爷从小就是一个勤俭自强的孩子，这源于家风的传承。

在那个家徒四壁、身染黄土不见其头的年代，在那个吃饭每人每月发粮票的年代，在那个没有补丁都算新衣服的年代，奶奶在绿皮火车站旁捡到了一个装满布票、粮票和食用油票的小布袋，这对于当时任何一个贫穷的家庭来说都是一笔巨款。奶奶说，她当时紧紧地抱着那个布袋，就像保护孩子一般保护着布袋，生怕它有丝毫的损失。她当时脑子里没有其他的想法，有的只是对失主丢失了那么大一笔钱的担心，这笔钱可能是用来救命的，也可能是一辈子的血汗钱，这可不能有任何闪失。她四处环绕，眼睛不停向车站各个方向寻觅，盯着过往行人的眼睛看，寻找着那一道焦急的目光。就这样几个小时过去了，失主却不见其踪。虽然腿已经站得发颤，但奶奶依然没有放弃的念头。奶奶抱着布袋定定地站在原地等了一夜，第二天一大早才等到失主。这原本是可以占为己有的巨款，但因为奶奶的无私和爱心她将其原封不动地物归原主了。她用行动告诉我们：那一刻，她送还对方的不仅仅是一个布袋、一些粮票、一笔巨款，更是一颗至纯至美的心，是家教家风正直无私的践行，是四维八德、刚正不阿、见利思义的体现，更是中华民族传统美德的最好传承。

魏嘉嘉老师点评：列举的例子时代性强，经典而有代表性，能引起读者的共鸣和深深的思考。用爷爷奶奶的事例来体现"我家家风"，以小见大，由一个家庭的家风反映了家族、社会的家风，体现了深深的历史情思和家国情怀。

陈楠槟同学给四百年前老祖宗陈瑛的《致老祖宗的一封信》，写史方式也很独特：

敬爱的祖先：

您好！

岁月如白驹过隙，转眼之间，四百个春秋便悄然逝去。康乾盛世的繁华是何般景象？鳌拜真的是奸臣吗？康熙亲征噶尔丹是何等气魄……这些我原先都想一一问您，但细想之后，便觉得这些都不甚重要了，毕竟繁华如梦，而人如沧海之一粟，都将随大浪而逝。能在历史滚滚潮流大浪淘沙之后幸存下来的，只有人类的瑰宝，如李白的诗、马克思的《共产党宣言》，以及您的精神品质。

您出生于平常百姓家，却不甘居于平庸。您每日在书斋中埋头苦读，又在生活中勤俭节约，帮助家人干活以供读书。您从小便懂得与同学和睦相处，每当同学有疑难困惑，您都必然帮助他到解开疑惑为止。您真是我学习的榜样。功夫不负有心人，您最后一考中举，金榜题名。初入仕途时，您时任素称"难治"的福建古田县令。这里之所以说难治，是因为这里的贪官污吏极多且盘踞已久。您在给上司的报告中提道："差役下乡，分路搜索如捕大狱，宁不骚扰。""分乡分路，四处骚扰，所过鸡豚一空。"读到这些史料，我真为您捏把汗！

老祖宗，我真佩服您。一般新入仕的外来官员面对这些地头蛇，无非就是与之同流合污或者明哲保身。但您毅然决然地走了第三条道路——与他们站在对立面。您举行了一场公开招聘吏胥的考试，使这个暴力集团被和平解散。这需要多大的勇气啊！

您之所以能完成这一改革，是由于您的道德精神——仁爱、清廉。您高中了，便要兼济天下；您为官了，便要服务百姓。我认为，您的这种精神在现代仍然具有非凡的借鉴价值。您贯彻着公仆精神，为百姓清丁田，均差徭，使百姓安居乐业，在您仅仅一年半的任职期间，便使得古田"邑中五彩云观"。您调任之后，古田百姓还为您修了生祠。

后辈我查了资料得知，1703年秋，康熙帝传旨令您进京，让您去台湾。您接到圣旨时，恰逢您母亲病重，两难之下，您竟做出了一个大胆的决定——"抗旨不遵"。您冒死服侍老母亲，半月以后待母亲病情缓解才赴京。皇帝了解情况后，"愤怒"地调您去台湾治"海妖"。您忐忑不安地到台湾后才发现，那些"海妖"只不过是一群甲壳动物。是的，这份孝心，岂不比《二十四孝图》高尚百倍？皇帝怎能不动心。

由于台湾当时刚刚收复，民生问题还很突出，经济尚未得到恢复。您团结台湾百姓，励精图治，使百姓生活安定，生活富裕，五年过去，匪患绝迹，生产丰收。这使得台湾与大陆关系趋于一体，消除了两岸的隔阂。这对当今祖国的统一不得不说起着启示作用。您的智慧真令后辈的我仰颈。

您至清，被誉为岭南三大清官，被康熙帝追谥"清端"，不贪一文，不行一贿。您至功，使东南沿海地区百姓安居乐业，促进了当时的两岸统一，官至福建巡抚、闽浙总督、礼部尚书。您的为人与精神，不失为中国一大瑰宝。在现代，您的后人们谨遵您的教诲，廉洁奉公，并为您修建了清端园，以此来纪念您。

　　实在非常感激您给我们家族乃至全中国留下的精神财富与历史教材，我坚信，无论过多久，这都将会是我们中华民族大浪淘不去的、能够历久弥新的宝藏。

　　　　此致
　　敬礼

您的第十一代孙陈楠槟

2018年3月1日

　　吴彩英老师点评：本文形式新颖，以给四百年前的祖宗的一封信展开。从赞扬老祖宗不甘平庸的奋斗和清廉的一生来告诫后代们讲求仁爱，讲求清廉，讲求奋斗。该文既讲述历史，又能联系实际，凸显了家风家训传承的重要性。形式新颖，文笔风趣又不失严谨，确为好文。

# "画历史"的作业

## 一、以历史主题手抄报培养学生小组合作探究的能力

历史手抄报是以历史知识为基本内容的手写报纸，它有显眼的报头、报名，并设有一定的栏目，以文字书写为主，也配有一定的图画、图案。学生在初中也制作过手抄报。那么初中和高中的手抄报有何差别呢？

### （一）高中历史手抄报是课堂教学的延伸

除了图文并茂、设计精美的要求以外，高中手抄报内容要求具有探究性。例如，历史人物评说、历史事件因果、历史观点解释、课本疑难解释等。我们布置手抄报作业一般安排在高一年级，高一学生有一个学习方法的转变问题。从能力培养看，初中主要在于识记、理解，尤其是识记层面；高中要求则更在于理解和应用层面。除培养获取历史信息的能力之外，主要通过对历史事实的分析、综合、比较、归纳、概括等认知活动培养历史思维和解决问题的能力。从学习方式上看，初中和高中也有不同。从当前高中的课堂教学模式看，自主学习、合作学习是主流学习方式，学案的处理、探究问题的解决，都需要集思广益，在交流中完成。如何在合作学习中发挥自己的作用，用什么途径开展合作学习，是高中学习要解决的主要问题之一。通过手抄报的制作，学生体会了高中学习的特点。同时，课堂上有些问题没讲或讲不透，可以布置在手抄报上继续探讨，促进学生的学科学习。所以说，手抄报是课堂的延伸和补充。

### （二）以手抄报作业贯彻新课标理念

高中历史课程标准要求："要引导学生主动参与、乐于探究、勤于动手，逐步培养学生收集和处理科学信息的能力、获取新知识的能力、分析问题和解决问题的能力，以及交流与合作的能力。"在高中历史教学中，布置学生小组合作制作手抄报可以贯彻新课标的这一理念。特级教师梁哲老师认为，眼、耳、脑、口、手要联合行动，就是要求学生在量一量、画一画、折一折、比一比等活动中发散思维，经历知识探究的过程，并通过小组讨论和交流，提高分析问题和推理的能力。

手抄报制作可以培养学生小组合作、交流的能力；在收集资料中扩大学生的知识面；培养学生学习历史的兴趣；提高学生自主学习的能力；为具有美术爱好的特长生提供展示的机会。

**（三）2017届高一级历史探究性作业展示活动方案及作品**

**1. 活动目的**

为了丰富同学们的校园文化生活，营造浓厚的课内外历史学习氛围，激发和培养同学们学习历史的兴趣，培养学生动手、动脑及创新能力，我们将举办历史探究性作业展示活动。

**2. 活动内容与要求**

（1）范围：人民版历史必修一专题一"古代中国的政治制度"，以中国古代政治人物、重大政治事件为主。

（2）内容：有鲜明的主题；以图文并茂的形式呈现小组合作探究的成果，可以包括历史人物评说、历史事件因果、历史观点解释、课本疑难解释等。

（3）要求：以学习小组（4~6人）为单位参加；历史科代表组织好学习小组；小组长统筹安排；确立主题及形式；秉承小组人人参与、分工协作的原则；同学们利用国庆假期和课余时间收集资料；每小组提交1幅作品。

（4）提交时间：第10周期中考试前。

（5）评奖：全年级评出一、二、三等奖若干名。部分获奖作品将在校园内展出。

同学们，我们期待你们的积极参与，在历史活动中展示你们的才华！

### 3. 学生作品展

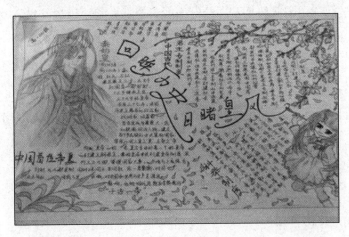

**在学生作品展中教师认真评选**

教师点评：高一（3）班李嘉敏、李珊珊等同学的一等奖作品《帝王皇权史》，主题鲜明，分别介绍了中国古代史"皇权发展历程""皇权加强的标志""故宫——皇权至上"，内容源于课本又高于课本，富有拓展性和创新性。说明学生用心去查找资料、整理资料了。最后他们发挥小组成员特长，分工合作，制作出图文并茂的作品。高二（7）班刘佩等同学的作品《中国古代书法艺术》，介绍了文字书法的发展历程，探究了中国古代书法发展的原因是什么、王羲之的《兰亭序》为什么被称为天下第一行书，而且还写出本课学习的感悟。他们写道："学习了中国古代汉字与书法之后，深深体会了'书为心画'的说法。晋人尚韵，唐人尚法，宋人尚意，元明尚态。每个时代书法呈现出不同的特点，是由不同的社会环境决定的。书法和汉字是中华民族的瑰宝，作为现代中学生，我们不能让快餐文化冲击我们的传统文化，我们应该热爱学习书法、欣赏书法艺术，用我们的行动去传承中华优秀传统文化吧！"家国情怀的历史学科核心素养在这个过程中得到培养。

## 二、思维导图作业培养学生发散思维的能力

思维导图又叫思维地图，是表达发散性思维的有效图形思维工具。其优势在于，运用图文并茂的技巧，发挥左右脑基能，利用记忆、阅读、思维的规律，协助人们在科学与艺术、逻辑与想象之间平稳发展，从而开启人类大脑的无限潜能。

在高三一轮复习中，我布置学生绘制思维导图作为作业。为此，首先教

会学生基本的原则，如布局合理、条理清楚、图形简洁、搭配和谐，在表现形式多样、新颖直观的同时，最好能展现个人风格。

将思维导图引入教学，推动学生主动参与学习，提高学生的学习效率，激发学生的想象力。学生运用思维导图关键在于自己绘制，在绘制过程中学生通过自己的能力把零碎的历史事件像零件一样一件一件地装到机器上，既了解了事件本身，也使学生把握了整个知识结构，有利于学生建立起完整的知识框架体系。

用思维导图记历史笔记可以鲜明地突出历史事件的主题，通过各个分支表示出课文的分支结构，每一个分支都可以用具有代表性的图片、符号、文字，甚至自创的卡通图画来加深对课文关键知识点的记忆与理解。而且每个关键词之间通过具有一定意义的连接线或符号连接，以表示出它们之间的内在联系。这样就构成了一幅中心明确、重点突出、完整记录历史事件，并反映其内在联系的思维导图。下图是2017届高三一轮复习中李明慧同学的思维导图作业，体现了历史阶段特征的表现。角度多、分支多，思维发散性强。通过色彩区分重难点。

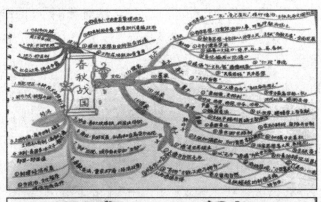

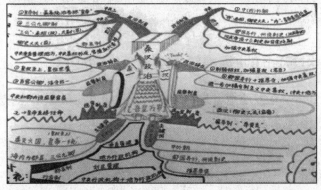

**2017届高三一轮复习中李明慧同学的思维导图作业**

运用思维导图培养学生发散性思维，使思维主体的思维趋于广阔、灵活，不受思维定式的束缚，摆脱传统观念的禁锢，容易提出新颖独到的见解，善于探求解决问题的多种方法，进而培养了学生的创新能力及历史时空观。

### 三、利用历史漫画培养学生历史学习的兴趣

我们的学生从小都是看动画片、漫画书长大的，学生喜欢漫画。所谓漫画，就是用简单而夸张的手法来描绘生活或时事的图画。一般运用变形、比拟、象征的方法，构成幽默、诙谐的画面，以取得讽刺或歌颂的效果。历史漫画用幽默夸张的笔法描绘历史人物或事件，寓意深远，揭示历史现象的本质特征，具有特殊的教育价值。漫画在高考题中屡见不鲜。

除了用好课文中的漫画，教师平时有意识地收集漫画，并动员学生收集、创作漫画，巧用漫画，改进并激活历史教学，成为我们历史教学中的又一手段。我们在2015届、2020届高二文科班举办了历史漫画比赛。学生的积极性很高，有的以小组合作的形式参赛，有的以个人名义参赛。他们以历史人物、事件为核心，绘制了漫画后，还要提出问题、探究问题、解决问题，然后在班内展示、交流。年级教师评出一、二、三等奖，给予学生奖励并制作展板在校园展览。优秀作品还被推荐参加中学历史教学园地"园地杯"历史漫画大赛。

学生观看漫画展

# "看历史"的作业

湛江市博物馆与我们学校只有一墙之隔，很多学生读了三年高中都没有进去好好参观过。近年我们通过课内外课堂，组织学生参观湛江市博物馆，感受博物馆文化成为我们历史课的重要组成部分。通过"看历史"感受本土历史文化和中华文明，家国情怀在行走间得到培养。通过完成布置的探究性作业，培养学生发现问题、分析问题的能力。

陈长琦教授主持的"中学历史课程教材改革与发展研究"课题组对广东不同地区不同层次的学校进行问卷调查，其中"你最喜欢的历史课外实践活动是：A. 历史遗址寻访；B. 历史调查；C. 历史制作；D. 历史习作"，调查结果显示70.6%的学生喜欢"A. 历史遗址寻访"。"参加历史课外实践活动，你最大的收获是：A. 加深了对所学知识的理解；B. 加深了对身边历史的了解；C. 巩固了历史学习的方法；D. 增强了历史学习的兴趣"，37.5%的学生认为加深了对身边历史的了解，24.4%的学生认为增强了历史学习的兴趣，21.7%的学生认为加深了对所学知识的理解，16.4%的学生认为巩固了历史学习的方法。

根据上述调查可知，学生喜欢历史课外实践课，并认为它具有多方面的作用。下面是2020届高二的博物馆参观组织工作及作业展示。学生通过"看历史"所收获的往往是我们课堂教学中难以做到的。

## 高二级参观湛江市博物馆注意事项及作业布置

1. 时间：2018年10月6日上午10：30—12：00。

2. 出发：10：15在校门口集中出发，以小组为单位活动。各学习小组长负责清点人数。

3. 路线：博物馆门口了解湛江市博物馆总体介绍→室外大院内汉字文化馆参观→室内以小组为单位自由参观→一楼左边展厅的湛江开埠百年历史展览→一楼中厅的湛江人民抗法纪念馆→一楼右展厅的粤桂边区革命斗争史展厅→二楼的非物质文化遗产展览→馆藏古代铜鼓展览→馆藏陶瓷精品展览→下楼出到大院石凳休息。12：00前离开博物馆。

4. 参观博物馆注意事项。

（1）参观时不要穿得太随意。

（2）博物馆里不要大声喧哗。

（3）展品不能乱摸。

5. 参观时带笔和笔记本适当做记录。

6. 以小组为单位，在以下问题中选择2～3个问题作为重点讨论、探究的问题。写600～1000字的观后感，10月14日提交。

（1）广州湾为什么会成为法国的殖民地？国民政府为什么能够收回广州湾？

（2）法国在湛江建立殖民统治的表现。广州湾时期近代化的表现有哪些？如何看待法国对湛江的殖民侵略？

（3）列出中华人民共和国初期湛江人民热情高涨建设湛江的事例。请找到中央批准湛江对外开放的文件。为什么开放后的湛江仍然发展缓慢？

（4）20世纪初湛江的青年人是如何接触到进步思想的？

（5）湛江的非物质文化遗产有哪些？你最喜欢的是哪一项？请说说理由。

（6）古代雷州半岛的铜鼓有什么用途？

（7）在陶瓷展馆——找出课本介绍的陶瓷种类。中国古代著名的瓷窑有哪些？雷州半岛最著名的瓷窑在哪里？如何辨别真假陶瓷？

（8）你认为湛江市博物馆的镇馆之宝应该是哪一件？说出你的理由。

……

学生作品选：

### 光荣与梦想

——铜鼓与陶瓷展馆的情思

苏立秋

在一个阳光明媚的早晨，我们在老师的带领下来到了湛江市博物馆。丝丝阳光照进博物馆的大厅，于是那一件件古物张开了嘴，向我们讲述这片土地的前世今生，讲述她的光荣与梦想。

"嘭——嘭——嘭"震耳欲聋的鼓声从时空遥远的另一端传来，我看见敲鼓人古铜色的皮肤以及他在阳光下闪闪发亮的汗珠，我听见那穿透云层的厮杀声和刀刃相接的碰撞声，我嗅见那咸咸的海风中甜腻的血腥味——这是先民们为了国家和尊严的战争，带着最原始的渴望。而铜鼓，那场战争的见证者，早已褪去昔日的年少轻狂。千年黄沙的掩埋，千年时光的沉淀，为它添上了几分古朴。不变的，是它作为权力的象征的雍容大气。

走进陶瓷馆，你会为先秦时期陶器的独特和质朴会心一笑，亦会为唐三彩独有的色彩搭配而叹服，而成熟之后的青花的清丽典雅更会让你眼前一亮。先秦时期的瓷器较为粗糙，它们造型简单、颜色晦暗，有的还能看到工匠的手印，但我格外喜爱它们。那时的龙只是一根细长的泥条，不似康乾盛世时那般神采飞扬；那时的猪也只是模糊的一团泥，正像孩童稚嫩的手笔，是生命最初对自然的好奇和探索，所以显得弥足珍贵。陶器上工匠的手印，在我看来，可以与阿姆斯特朗的足印相媲美。

时间来到宋朝，一个豪情与柔情兼有的年代，它的瓷器也别具艺术的美感。宋代的五大名窑中，我最爱哥窑，不为别的，只为它表面独特的冰裂纹，让人想起寒冬腊月里凝固的冰面，雪白剔透，看似寂静，底下却有生机涌动。哥窑，冰为肌骨，吐出的却是宋朝的滴滴温酒。

学生参观湛江市博物馆1

教师点评：文章的细腻描写体现出了作者对传统文化、遥远的历史充满热爱之情。行走在历史间收获的是一次与历史文化的近距离对话。

## 不屈不挠、新陈代谢的广州湾

张雪菲　许元议　余茵夏

湛江作为据守雷州半岛的城市，自古以来就是南海的门户，在军事和经济上都有独特的地位，尤其是作为军事重镇存在，中华人民共和国成立后即成为南海舰队的驻扎地。因此，近代法军侵占中国时也选择了湛江——当时的广州湾作为突破口。

1898年，法军登陆广州湾。法国人登陆后立即侵占农民大量土地。1899年，清政府与法国签订了丧权辱国的《广州湾租界条约》，法国开始了对广州湾长达数十年的殖民统治。一幅幅图画、一段段文字和一件件展品，无不使我感慨万千。而其中最让我为之兴叹的是，殖民时期海外流入的鸦片烟杆和当时各种各样的赌具。

看到这些，我的思绪飘回了殖民时期：气宇轩昂的大酒店里萎靡不振的中国人一只手端着烟杆撑在麻将桌上，另一只手的手指时不时地敲打着麻将桌，眉头紧皱，双眼眯成一条线，脑中盘算着下一张牌该怎么出。这样纸醉金迷的画面令人无比痛心，国破家亡在这些人眼中不过是略大的尘埃，稍微阻碍下他们堕落的速度。

与之形成强烈对比的是勇于抗争、誓死将敌人逐出国土的抗法战士。尽管他们没有精良的装备，只有还停留在古代的冷兵器和几把已被西方国家淘汰的"废铁"——前膛枪，但他们誓死保护家园的勇气无敌。他们或许只是中国抗战史上微不足道的一个墨点，但他们在湛江历史中确实是气势雄浑、浓墨重彩的一笔。

法国殖民者为支持本国经济发展，加强经济掠夺，法国货币流通，鸦片持续输入，利用湛江优越的海上位置，发展对外贸易，湛江的经济呈现畸形繁荣的状态。法国殖民统治期间给广州湾人民带来了极大的痛苦，但也在一定程度上推动了广州湾的近代化发展。广州湾经历了新陈代谢。在此期间，法国人兴办了许多商店、实业，并兴办多所学校，一定程度上推动了当地的教育事业发展。在法国机构里任职的中国人也积极在本地兴办实业，因内地军阀混战大量涌入湛江的商人带来充足的资金和较高的技术，以此发展民族资本主义。其中，知名企业有湛江首家织布厂——广裕大布厂，南华大酒家——粤西最大的酒楼，为陈学谈先生所创立。我们学校的前身培才学校就是在20世纪30年代创办的，首位校长陈玉燕女士就是陈学谈的女儿（我校现在有学谈楼，有他的家族后人为我们学校的发展出资成立的陈氏奖学金）。这些企业、学校正是历史的见证者和推动者。

法国对广州湾的殖民统治给人民带来了深重灾难，但客观上促进了湛江的近代化发展。当然，我们不能认为广州湾时期湛江经济有所发展而肯定法国的殖民统治。民族情怀不能变，民族主义的大旗要高举。也正因为这一不灭的精神，1945年，中国人战胜了日本侵略者，日军投降，国民政府也从法国政府手中收回了广州湾，正式易名为湛江。

学生参观湛江市博物馆2

教师点评：从革命斗争到新陈代谢，看历史的角度多元，感悟深刻，体现了家国情怀。

### 历史的温度

陈柏霖　李洁雯

短短一个早上，我们参观了石狗雕塑、陶瓷展馆等。我们走过了南路抗战的战壕，穿过民国时期的街道，来到湛江被正式设立为沿海开放城市的现场……历史第一次如此真实地呈现在我们面前。这一刻，历史不再是书上冷冰冰的文字，而是祖辈用血与泪书写的曾经，是那么厚重，那么有温度。

斗争的历史总是能让人感到悲壮，也总能令人致以崇高的敬意和发自内心的感激。在抗法斗争纪念馆中，那些绝不屈服、抗争到底的英魂向我的心房源源不断地传递着热血。他们的名字我无法一一记住，但他们的精神始终伴我左右，激励我发愤图强，保卫家园。看过了蜡像对战斗现场的高度还原，阅读了战士出征之时写下的坚定有力的遗诗，也在玻璃展台前比画了革命时期战士们简陋的用品，才真正明白了"哪有什么岁月静好，只不过是有人替你负重前行"的深沉。没有他们在战场上的挥洒热血与牺牲，又何来我们的安逸与潇洒？

也许不久之后，我会忘记今天看到的历史事件，忘记参观过的精美文物，但那份来自历史的厚重和震撼将永远铭刻在我的心上，祖辈们艰苦的奋斗将永远铭刻在我的心上，古代劳动人民的智慧将永远铭刻在我的心上……

历史的意义是什么？历代皇帝有不同的见解，有的认为是为了"鉴道"，有的认为是为了"明得失"，中华民族自古便是重视历史的民族，历朝历代都设有史官记录历史。但历史的意义，唯有有了温度，才能更加完整，才能给人以力量与启迪。

学生参观湛江市博物馆3

教师点评：感悟到历史的温度，读出历史中的悲壮、历史的美感、历史的传承，是因为你是有温度的人。

### 雄鸡随想
杨子佳

在"湛江开埠百年历史"展厅，我看到了一只巨大的铁雄鸡。它是怒吼的鸡。法国侵占了湛江，无数的仁人志士站了出来，没有枪，没有炮，就拿起镰刀锄头，与法国侵略军进行殊死拼斗。他们浴血奋斗，为的就是不让侵略者夺去广州湾的一寸土地。

现在，湛江有"寸金路""寸宝路"等路名，就是为了纪念这些抛头颅、洒热血的人民英雄。

它是一只高歌的鸡。"一唱雄鸡天下白"，经过数十年的斗争，湛江终于迎来了曙光。1945年抗战胜利，根据《波茨坦公告》，国民政府接管湛江，笼罩在湛江头顶的那几缕黑烟终于散去。而1949年解放战争的胜利使得湛江迎来了许久不见的一轮红日！仅仅几年后，湛江港正式开港，黎湛铁路通车……湛江迎来了一个蓬勃发展的时期。1984年，湛江被确定为"沿海开放城市"，这使得湛江的发展更上了一个台阶。不久之前，湛江还相继被确定为"环北部湾中心城市"和"广东省副中心城市"，她变得更富有生机与活力。湛江的明天将会越来越灿烂。

学生参观湛江市博物馆4

教师点评：以小见大，以物抒怀，观历史中品细节，角度独特，意味深长。

第五章

在见微知著中走向研究之路

——课题研究案例

　　教师的工作中心理所当然在课堂。但要使你的课堂有生命，教师就要不断成长。很多名师成长的经历告诉我们："不科研，无成长。"参与课题研究是青年教师成长的必由之路。但老师们往往觉得搞课题研究的门槛很高，认为可望而不可即，甚至有人认为中学教师搞课题研究会影响教学质量，理由是研究工作要花去不少时间和精力。苏霍姆林斯基对教研型教师有过这样的勉励："如果教师想让自己的劳动充满乐趣，使天天上课不至于变成一种单调乏味的义务，那么教师就应当走到研究这条幸福的道路上来。"

　　研究型教师的特点是有研究意识、研究能力、研究成果。做研究型的教师要有教育教学改革的热情，有问题意识和解决问题的愿望，有自我反思和批判的意识和能力。听起来很复杂很高深，实际上，中学教师的研究就来自我们的课堂。当我们有了经验，就会形成自己的教学理念，我们可以把自己近年的一些课堂操作与自己这些理念联系起来，就可以写出论文。当我们有想法或困惑了，我们在后面的教学中去实验、去印证或者去寻找出路，就可以进行课题研究，使之更好地为我们的课堂教学服务。梁哲老师提出"实在教学"的主张，强调根据学生的实际情况，实实在在地思考问题和解决问题。中学教师的课题研究应扎根于课堂，从课堂中来，到课堂中去。

# 以课堂模式研究推动科组建设的研究

——广东省中小学教学研究"十二五"规划重点课题"广东省中学历史学科教研组建设理论与实践探索"子课题研究报告

## 一、研究的背景

在我校历史教研组被评为广东省首批示范教研组三年后，我们又有幸参加了魏恤民老师主持的广东省中小学教学研究"十二五"规划重点课题"广东省中学历史学科教研组建设理论与实践探索"的课题研究。我们子课题的题目是"以'自主合作探究课堂'教学模式的研究，促科组发展"。我们希望通过参加课题研究，使我校历史教研组建设更上一个台阶，把科组打造成历史学科专业成长的共同体。为什么要选择课堂教学模式作为我们的课题研究的主题呢？依据如下：

新课程改革的需要。新课程改革的核心理念是："以学生的发展为本。把学生个性的健康成长作为课程实施的着眼点和目标。""倡导学生主动学习，在多样化、开放式的学习环境中，充分发挥学生的主体性、积极性与参与性，培养探究历史问题的能力和实事求是的科学态度，提高创新意识和实践能力。"（江苏教育出版社《高中课程标准解读》）这样的理念，无疑是丰富的、人性化的。在短短的一堂历史课上，如何最大限度地体现这样的理念呢？这就要求我们努力构建自主高效的历史课堂。

学校发展的需要。我校正在提倡各学科教研组打造适合本校本学科的高效课堂模式。近几年我校曾组织部分教师到江苏省、湖北省及广东省多所名校参观学习。学习了全国各地的教学模式以后，如何打造适应本校本学科高效自主的课堂模式，是学校交给每个教研组的一项任务。

教师专业发展的需要。如果不继续进行新一轮的课堂模式的探索，我们就容易停留在"我把课讲好"的层次上，而较少考虑"学生如何学好"、使课堂效果达到最大化。那样慢慢地我们的历史专业知识和教学理念就落伍了，长久下去一定会影响升学率的提高。教师的良心也让我们不时叩问："学生还喜欢上我的历史课吗？""我们培养出来的学生能适应未来社会的需要吗？"因而我们不会让自己的脚步停下来，相信只要给我们一个机会、一个平台，大家都能做出一番事业。因此，为了教师的专业发展，进行高效课堂模式的探索，是非常有必要的。

学生学习能力提升的需要。我校学生学习水平差异很大，而学习水平相对差的学生，大都选择读文科。他们大多十分适应被动接受"你讲我记"的课堂教学，对自主学习、探究式课堂不习惯甚至抵触。如果我们不采取相应的措施，越到高年级，部分学生自主学习能力就越差，思维越来越懒惰，学习成绩就更不理想了，而学习水平较好的学生的潜能也不能充分发挥出来。在此情形下，我们认识到必须用心对课堂进行合理的设计，在课堂上尽量让学生都动起来，建立人性化的评价体系，使学生在课堂上人人有事做、有成就感，达到培养学生的学习能力和健康学习心理的目的。

示范性科组继续发展的需要。我校历史科组是广东省首批示范教研组，科组如何走得更高、更远，使它具有真正的示范性，并在课堂教学方面在学校做表率，在科组建设方面在学校各科组中做表率呢？参加课堂模式探索的课题研究是一个很好的契机。

## 二、研究的意义

为学校及科组课堂模式研究提供实证资料。自主学习或探究式课堂教学的理论已提出多年，之前我们学校也进行过一些零星的尝试。全校性的推行适合本校本学科的高效课堂模式是近期的事情。我们历史教师所做的课堂模式的探索是否科学、合理呢？国家颁布的《普通高中历史课程标准（实验）》中明确指出："高中历史教育要培养的，主要是学生的创新意识、创新欲望、创新精神和创新能力等，从而使其具备终身发展的能力，为将来走向社会打好基础。"当代的教育要求把教育的全部价值归结到学生身上，以学生的发展为教育的根本。通过师生成长足迹的记录，我们可以看到、感受到课堂模式探索研究的效果如何。因此，开展这项研究，有利于进一步收集和丰富实现高效课堂教学模式的教育理论，为历史高效课堂的研究提供一些实证性资料。

有利于构建和谐的师生关系。新的教学模式促使教师充分挖掘生动、有说服力的史学资源，满足学生对课内外知识的需要。自学、合作探究和展示的模式充分尊重了学生的主体地位，培养了学生分析问题、解决问题的能力，提高了学生的人文素养，达到了全面提高教学质量的目的；同时，有利于教师的专业水平和教学水平提高，推动教师的成长。师生角色定位准确，必能使教学相长，师生关系比被动式教学的师生关系必定更为和谐。

以课堂研究激发创新活力。我们希望通过设计的新课堂模式、科组深度教研模式、学生自主学习模式，能找到适应新时代的教学教研发展的新路，并把其中的成果常态化，也为科组发展留下一份精神财富。

## 三、研究的主要目标和内容

### 1. 目标

立足于高中历史课堂，构建一系列有助于提高学生学习效率、激发学生学习兴趣、培养学生创新精神、提升学生自主学习能力的高效课堂教与学的策略，探索出适合本校本学科实际的小组合作学习操作组织形式及探究性的学习内容；促进教师专业成长，进而推动科组建设。

### 2. 研究重点

"自学—精讲—探究展示—评价"合作探究课堂教学模式在不同课型中的运用及得失。

（1）新课讲授："自学—精讲—探究展示—评价"课堂教学模式在新课教授中的运用。

（2）复习课："精讲—巩固练习（第一课时）+探究—展示—评价（第二课时）"课堂模式的运用。

（3）讲评课："小老师"讲评法（课前小组讨论错题—学生课堂讲评—教师讲评重点、归纳方法和规律—同类题型练习）。

**3. 研究具体内容**

（1）如何在历史课堂中培养学生的自主学习能力。

（2）如何处理好学生的主体地位与教师的主导作用的关系。

（3）以小组合作推进历史作业多元化改革的探索。

（4）如何通过探索课堂模式加强教师团队合作，激发教师专业成长。

## 四、研究的创新之处

我们把课堂改革探索与科组建设结合起来进行研究，使该课题研究具有广泛性。我们的研究内容包括小组合作学习的操作、历史作业多样化、科组备课组深度教研活动、名师讲座等，研究内容具有深刻性。研究课堂改革对学生、教师及科组的发展有积极影响，使该课题研究具有实用性。

## 五、研究阶段安排和研究成果

本课题研究分为准备阶段（2012年8月—2013年2月）、实施阶段（2013年3月—2014年7月）、总结阶段（2014年9月—2015年12月）。各阶段工作及成果如下：

**1. 第一阶段工作——准备**

（1）确立课题研究的方向，成立以备课组长、教学骨干为主的课题研究核心小组，撰写课题报告。

（2）科组对教学模式进行理论培训。

（3）青年教师比赛。科组制订的评分标准中，运用小组合作探究的课堂模式的分数权重最大。进行比赛课总结和评课，对自主探究的课堂模式进行小结和研讨。

（4）对外公开日，科组要求上对外公开课的教师按自主探究展示课的要求上课，对外校教师的反馈意见进行分析。这样对课题的开展提供了研究例证。

（5）各备课组设计调查问卷，期中考试后组织学生填写，收集学生的意见和建议。

（6）组织科组教师参加全国中小学论文比赛，要求各位教师根据自己的课堂实践，围绕自主探究展示课堂模式撰写论文并参赛。

（7）组织编写了我校课堂探究课的导学案必修一、必修二、必修三部分内容。

**2. 第二阶段工作——实施**

（1）通过听名师讲座的方式进行新课堂模式的理论学习，为本课题的研究提供理论依据。主持人给课题组成员培训"在探索中前行——高效课堂模式推介"。

（2）各备课组推出典型课例，举行公开听课评课活动，科组对典型课例进行推广。本阶段初步形成科组高效课堂教学基本框架并在科组教师中推广运用。

① "自学—精讲—探究展示—评价"课堂教学模式。教师编写每课的导学案，课前或课堂上指导学生完成。教师选准重点、难点精讲20分钟左右，设计若干探究题让学生以小组为单位进行探究和展示。教师点评中突出方法引领和对学生的评价。这一课堂教学模式在新课讲授中运用。

② 精讲（第一课时）与探究展示、巩固练习（第二课时）：主要在文科班的复习课中运用。

③ 高效课堂试题讲评模式：选择典型题目让学生讲评—教师给予方法引导—同类型题目的练习—教师归纳答题规律—再练习巩固。

本阶段收集了学生小组合作探究学习的多样化方式，如小组成员畅所欲言讨论法、情境材料导入探究法、历史剧表演法、历史辩论教学法、"小老师"上课展示法等。

（3）合作探究模式在课堂及课外延伸的探索。我们在历史课外作业多元化的探索中，充分利用小组合作模式来进行。我们举行了高一历史手抄报比赛、高二历史黑板报比赛、高三历史时间轴制作展示等活动。

（4）阶段教研成果与反思。在课题研究合作中，体现了老教师的经验与青年教师的激情相结合。参与课题的青年教师迅速成长起来，科组因而焕发了教学的活力。收集整理了教师成长档案，反思如下：

① 根据我们设计的调查问卷（"星星问"）分析及观察：教师对新教学模式看法复杂。教师表示愿意接受新生事物，但备课需要花太多时间，效果说不定不如传统的好；教师没有动力，没有积极性。如何让教师们有参与改革的内驱力？如何设计"又好看又好吃"的课堂模式？课题组继续在探索实

验中努力寻求解决途径。

② 通过学生交来的调查问卷分析及观察：学生大部分表示喜欢气氛活跃、给他们多些机会展示的历史课堂，喜欢参加我们组织的历史手抄报比赛、小论文比赛、研究性学习、历史社团活动等历史探究性合作学习的活动，学生的热情较高。通过他们的作品、表演，我们看到学生在历史学习中收获是很多的。

同时我们也看到，在小组合作探究中学生并不能全员参与，一些学生认为合作探究是浪费时间，觉得"老师把结论给我们，我们记下来就行了"。这种被动学习的观念普遍存在。另外，有学生认为当时热闹，但很多东西没记住，效果不一定好；另有部分学生对课堂改革不是很有信心。

**3. 第三阶段工作——总结推广**

（1）背景。

① 我校全面启动高效课堂"四导学教课堂"教学模式，大环境对我们的探索及研究更为有利。

② 广东省使用全国高考卷，试题难度更大、灵活性更强，对教师的课堂教学提出更高的要求。

③ 内外因素推动，使教师们有更大的热情、信心投入课堂改革中。

（2）本阶段的主要工作。

① 利用校名师工作室进行深度培训：工作室主持人负责"微课题研究案例分析""四导学教课堂教学设计培训""自主学习合作探究的课堂教学模式与四导学教课堂模式对接""深度设计，贴近高考"；张老师负责"小课题，大智慧"；周老师负责"时间轴在高三复习中的运用""新史学研究综述"；王老师负责"衡水课堂模式剖析与借鉴"等。

② 举办历史读书交流活动。提供100多本教育教学书籍给教师选择阅读。经过一个学期的准备，举行"书香伴我行"读书分享会。教师提高了理论水平，开阔了眼界。

③ 推出历史科自主学习合作探究课堂模式下的"四导学教课堂"教学设计模板。

④ 运用自主学习合作探究课堂模式，参加学校"四导学教课堂"教学设计、上课比赛。科组组织听课、评课、打分评奖；名师给予反馈意见；参

赛教师均要写教学反思；科组进行总结推广工作。

⑤ 林老师代表学校参加湛江市历史高效课堂比赛。科组举行一系列听课、磨课活动，经历了从当初注重课堂组织形式多样、热闹，到潜心设计有深度的探究题的变化过程。在比赛中注重探究题目的原创性，使之贴近学生、贴近现实，让学生有话可说；探究题环环相扣，层层递进，贴近高考的能力要求。在林老师的努力下，获得一等奖第一名。最后课题组对该课进行及时总结推广。

⑥ 深度教研——基于自主学习合作探究课堂模式下的集体备课。

（3）本阶段研究成果总结。

① 形成了科组"自主学习合作探究的课堂教学模式"框架、步骤、流程图，以学生为课堂的主体，以促进学生的学为目标的课堂理念深入"师"心。

② 开发学生自主学习合作探究下的历史作业多元化的模式，使自主学习从课堂到课外得到延伸，学习的深度和广度有了拓展。这对激发学生学习历史的兴趣、培养学生的学科素养发挥了积极作用。

③ 形成"自主学习合作探究的课堂教学模式"下的科组教研模式，做到了全员参与到课堂改革的探索和研究当中。深度教研的"深"应该在哪里？我们认为这个"深"一方面指探讨学科专业知识，另一方面指探讨如何教学生去学习。

④ 打造名师团队共同体初见成效。在教学模式的探索中，通过名师工作室名师讲座、读书、教学帮扶等活动，老教师得到进一步提升，多位教师成长为省市骨干教师；年轻教师进步大，在参加各级论文、校本课题研究、上课比赛中取得优异的成绩。三年来团队内均有教师被评为学校教学新秀。

（4）本阶段教学教研成果显著，整理了教师成长档案。

## 六、社会影响

通过课题研究，科组教师投身于课堂改革的热潮中，科组更加有凝聚力，中青年教师得到迅速成长。每年的学校对外公开日中我们的自主学习合作探究课堂模式的展示、红五月科技文化艺术节中学生多元化作业的展示、广东省历史年会的交流，我们的课堂改革成果都得到许多教师的肯定。我们科组在学校的影响力及地位让许多其他科组教师羡慕不已。在学校每个学期科组考核工作汇报会上，我们围绕自主学习合作探究进行课题研究，探索规范的集体备课流程、作业多元化、名师讲座、校园网科组工作简报等做法在学校得到肯定和推广。

黄老师被湛江市开发区刘永红名师工作室邀请上同课异构公开课并与工作室成员交流，2012—2014年连续三年被东海岛觉民中学邀请指导高三备考工作。林老师获得湛江市高效课堂比赛第一名，受邀给岭南师范学院的学生举办讲座。研究自主学习合作探究的课堂模式的契机，使我们科组成为历史专业发展共同体，在湛江市起到示范性作用，无愧于省示范教研组的称号。

（该课题获湛江市第三届基础教育成果二等奖）

# 校本课程"湛江特色历史文化"的开发研究

## ——广东省中小学教学"十一五"规划课题
## "校本课程建设"子课题研究成果

## 一、课题论文《开设校本课程，弘扬湛江特色历史文化》

### 1. 课程开设的背景

联合国教科文组织国际发展委员会的《学会生存——教育世界的今天和明天》一书中写道："教师的职责现在已经越来越少地传递知识，而越来越多地激励思考。"高中历史课程标准要求："改变学生以单纯地接受教师传授知识为主的学习方式，为学生构建开放的学习环境，提供多渠道获取知识并将学到的知识加以综合应用于实践的机会，促进他们形成积极的学习态度和良好的学习策略，培养创新精神和实践能力。"在过去的历史教学中，我们过分强调了对历史知识点的掌握，使历史的学习与学生的生活离得越来越远：学生认为历史学习无非就是背书，教师认为历史教学无非就是让学生学好教材，社会上认为历史学科就只是一门应付考试的学科。要改变这种现状，从建构主义理论的观点来看，历史教学应该设计更多的与学生现实生活相关的活动，使学习与活动合为一体，同时评价的工作也要在这个过程中体现出来。

为适应新课改的要求，我校积极转变教学理念，调整教师教的方式和转变学生学的方式，立足"学以致用"，在开足高中历史课程标准规定的必修课和选修课的基础上，我们还开设了丰富多彩的校本课程供学生选修。校本课程开发最根本的一点就是基于学生和教师的个性特征，充分利用社会、社区、学校、家庭等课程资源，多角度、多层次、多渠道地促进学生主动认识和适应社会发展和科技进步的时代要求，加强高中课程与社会发展、科技进步及学生生活的联系，促进学生学习方式的多样化转变，发展高中学生自主获取知识的愿望和能力，创建富有个性的发展性课程，从而促进学生全面而有个性地发展。

湛江近年的经济发展使我们深深感到文化不能缺席。挖掘湛江历史特色文化，有十分重要的意义。因此，我校历史科组近年来开设了"湛江特色历史文化探究"的校本课程，为弘扬雷州半岛文化尽我们的微薄之力。

**2. 课程实施的资源与做法**

湛江背靠大西南，南望海南岛，物产丰富，人杰地灵，文化底蕴十分深厚。自汉代设郡县，闽人迁入以来，形成了独具特色的雷州地方文化，如雷州石狗、徐闻大汉三墩、吴川三绝等文化影响深远。这些成为我们上好历史校本课的最好资源。

我们有一支敬业、专业的教师队伍。教师们通过去图书馆及上网查阅大量与雷州特色文化有关的资料，有关雷州历史文化的校本教材不断充实、完善。从多年前编写的"历史视窗——近代湛江人民抗法斗争"到包括"雷州半岛古代历史发展沿革""海上丝绸之路始发港研究""雷州石狗研究""湛江民俗文化"等在内的"湛江特色历史文化"校本教材的编写，倾注了历史科组所有教师多年的心血。

我们有来自湛江五县四区的优秀学生。他们大多勤奋好学，对知识的汲取如饥似渴。我们每年都在高一年级开设校本课程"湛江特色历史文化探究"，学生报名很踊跃，人数最多的时候有200多人（编为5个班）同时上课，学生兴趣非常浓厚。例如，在课堂上，我们把雷州半岛历代在科举考试中高中状元、举人的名人向学生进行介绍，我们鼓励学生像先辈一样从小立志成才，学生露出了自豪和向往的神情。我们的历史校本课程，教师除了课堂授课，还带领学生走出校园，进行实地参观，访问社会各界人士。多年以来，学校附近的湛江市博物馆、寸金公园、寸金桥等一直是历史校本课程、研究性学习的基地。学生还亲自动手、互相合作，制作历史地图，撰写历史论文。历史教学"活"了起来，学生学习本土文化的兴趣大大增加。

**3. 课程实施的效果**

学生在节假日或其他课余时间到图书馆及上网查找资料，走访专家、长辈，参观历史博物馆、历史遗址，最后以历史小论文、专题小报或专题图片的方式展示成果。这个过程中，加深了学生对家乡历史的认识，培养了他们热爱家乡的感情，也培养了学生进行研究性学习的能力。在研究性报告中，他们大胆提出自己的建议。例如，陈韦宇等同学写的历史小论文《神秘的雷州换鼓》，在介绍雷州换鼓的历史渊源后，提出五条建议，从中我们看到本土文化的传承一定会后继有人。

### 我们的建议书

（1）政府带头成立"雷州换鼓文化研究会"，聘请对雷州换鼓文化研究较深入的专家学者担任领导职务，对雷州换鼓文化感兴趣者可申请成为会员。研究会要定期召开会议，在会员间广泛地交流研究成果及心得体会。

（2）"雷州换鼓文化研究会"定期出版刊物，集中介绍研究会会员的研究成果、换鼓文化研究的最新进展以及相关的一些文化现象的探究。该刊物还可开设群众栏目，让群众发表自己对换鼓文化的了解认识，也可发表对其他文化现象的见解，使该刊物成为广泛开展社会主义精神文明建设的一个窗口。

（3）以冠名权吸引地方企业捐资建立雷州换鼓文化展览馆，并成立奖励基金，奖励对研究雷州换鼓文化做出重大贡献的人士。

（4）利用传媒的力量提升雷州换鼓文化的知名度，如与香港凤凰卫视合作，制作一部以"雷州换鼓"文化为主题的纪录片，借用凤凰卫视在制作和播放对神秘文化现象探讨的专题片方面的巨大影响力，提升雷州换鼓文化的知名度。

（5）雷州换鼓文化与雷州石狗文化作为雷州文化的代表，是湛江文化的重要组成部分，是湛江创建旅游城市的一张名牌，应将其转化为旅游资源。

在指导学生的过程当中，历史教师对雷州历史特色文化也加深了认识，教师专业水平得到提高。科组有多位教师指导学生的研究性学习课例和论文获奖。

结语：雷州半岛文化内涵丰富，在青少年当中宣传和推介湛江特色历史文化是十分必要的。作为中学教师，我们能通过开发校本课程，向学生宣传湛江文化，为构建和谐湛江尽微薄之力，当感荣幸。由于水平所限，我们所做的仍需不断完善，希望得到更多行家的帮助和指导。

（该论文发表于2012年湛江市社科联《雷州文化研究》论文集）

## 二、优秀课例

### 《湛江特色历史文化》综合实践活动
#### ——收集资料方法指导课教学设计

**一、设计思想**

本课遵循综合实践活动课理念与高中历史校本课程大纲的要求，把综合实践活动与现代科学技术完美结合起来，充分利用各种资源，让学生深入社会，实地考察，进行资料的收集，以湛江特色历史文化为主题，进行合作探究式学习。使学生感受身边的历史，对学生进行情感教育。

**二、教学目标**

1. 知识与技能：掌握收集资料的一般步骤，能够使用收集资料的几种常用方法，学会在收集资料的实践中合作、探究，进行创新性学习。

2. 过程与方法：引导学生学会根据具体情况进行资料收集，锻炼其综合能力，使其学会深入社会进行社会调查，在调查研究过程中培养学生沟通能力、文明礼仪，使学生学会表达自己的思想与研究成果，对自己的学习进行自我评价。

3. 情感态度与价值观：发展学生的探究兴趣，使学生养成实事求是的科学态度，学会分享学习与研究成果，尊重他人，与他人进行合作；激发学生对湛江文化的热爱，肩负发扬湛江特色历史文化的责任，培养学生的综合探究能力、合作精神，以及热爱家乡的情怀，弘扬雷州特色历史文化。

**三、重点与难点**

**重点：**合作探究性学习的展开、收集资料的步骤与方法、小组收集资料过程的展示。

**难点：**合作探究性学习的展开、师生课堂点评与总结、收集资料的原则。

**四、课前准备**

学生以小组为单位，在确定调查研究主题和对象的基础上，选择收集资料的方法，深入了解湛江特色历史文化，进行资料的收集。

**五、教学过程**

1. 导入：让学生欣赏关于湛江特色历史文化内容的图片，回顾上学期研究性学习的内容，由湛江丰富的文化资源过渡到收集资料环节，告之收集资料的重要性，然后进入新课。

（**设计意图：**激发学生兴趣与实践的欲望，让学生认识收集资料的重要性。）

2. 教师精讲：给学生介绍资料及收集资料的概念，让学生了解本节课的学习对象。由收集资料的重要性，导入收集资料的步骤及收集资料的方法，让学生知道如何收集资料。

3. 分组活动展示、评价。在前几节课，学生已确定主题，设计好研究方案，并着手资料收集工作。学生分成4个调查小组，每小组选出一名代表，根据这节课内容，向大家展示他们是如何收集资料的。

第一小组主题是湛江特色民俗文化，研究对象为湛江历史文物，采用方法为实地考察法。实地考察组向大家展示收集资料的过程、所收集到的资料及本次活动的小结。

第二小组主题是雷州石狗调查研究，研究对象是人们对雷州石狗的了解现状，采用问卷调查法。问卷调查组根据主题和对象详细地设计了问卷，分小组到公园、社区、医院进行问卷分发，对回收的有效问卷进行仔细的统计和分析，并由此写出了一篇调查报告。问卷调查组向同学们展示了问卷具体问题、问卷的过程及对收集资料活动的总结。

第三小组确定的主题和研究对象都是雷州特色文化，采用方法为访谈法。访谈组根据主题和研究对象，在设计详细的访谈问题及预约访谈对象方面都做了精心的准备。访谈组向同学们展示了访谈问题、访谈过程视频以并对访谈法进行了小结。

第四小组确定的对象是吴川三绝之首——飘色，研究对象为飘色发展历程，采用上网搜索、查阅书籍的收集方法。第四小组成员充分利用图书馆资源，进行上网搜索和查阅书籍，获得了大量的信息。他们向大家展示了他们收集资料的过程、收集到的资料及收集资料过程中应注意的问题。

展示完毕后，教师总结各个小组的展示同时提出问题，并总结在收集资料的过程中应该注意哪些问题，应遵循哪些原则，然后进入评一评、议一议环节。

学生根据各个小组展示，思考分析收集资料应注意的问题、原则及可完善之处。

教师根据各小组交流讨论的情况，表扬各小组严谨认真、积极主动的团队精神，同时指出方法上的不足与存在的问题，并提出指导性意见，最后提出期望，希望同学们把调查研究进行下去，为湛江特色历史文化的推广做出贡献。

[**设计意图**：综合实践活动课，评价不以活动的成果、结果为重点，而是注重学生亲自参与和全员参与。以叙述（小组）自我评价为主，以过程为主，给予学生成就感并激励学生走向社会，弘扬文化，勇于创新。]

4.意义构建

教师根据教学大纲与学生汇报的有关情况，把所有知识点系统串联起来，进行意义建构，形成知识系统。

六、教学小结

本节是一节关于如何收集资料的综合实践活动方法指导课。整个设计过程充分体现了综合实践活动课的性质和理念，深刻贯彻"学生为主体，教师为主导"的思想，学生独立设计收集资料的过程，在实践中掌握方法，同时通过展示与评价，掌握了收集资料的原则。通过这一次教学实践，我深刻地体会到：活动主题的设计与确定、教学的组织与管理及对综合实践活动方法指导课性质与理念的理解等，是综合实践活动方法指导课成败的关键。

（魏嘉嘉老师设计的该课例获全国中小学论文比赛二等奖）

# 三、学生作品

## 《关于雷州石狗的研究性报告》节选

### 蔡成蛟　黄五郎　周晓媚

一段尘封的文明在历史长河中慢慢沉淀，历史的沧桑镌刻在它的身上，它却愈发光辉，以不可阻挡的力量在人类文明史上迸发出灿烂的火花。它，就是雷州石狗！

雷州石狗是雷州社会演变的见证，是雷州人民智慧的结晶，是雷州民俗文化的硕果，有极高的研究和观赏价值，有关专家称之为"南方兵马俑"。

记得小时候，总听到大人们谈及雷州石狗神秘的传说。树木的年轮在不停地增加，雷州石狗的文化发展在一步步走向衰落，越来越被人们淡忘。我们希望通过对雷州石狗的特点、发展及意义进行研究，推动雷州石狗的宣传和保护工作，使市民加深对雷石狗的了解，为传承和发展雷州民俗文化做出更多的贡献。因此，我们决定通过网络、文献，以及结合自己的亲自访问、实地调查、调查问卷等方法来深入了解雷州石狗。

记得那一日，我们饱含激情、风尘仆仆地赶到雷州博物馆，原以为我们从那里可以了解到更多关于石狗的情况，谁知找不到有关专业人员；原以为我们可以看到络绎不绝的热爱石狗的参观者，谁知那天的参观者竟寥寥无几。

更令人心寒的是，当我们到达第二站参观地——湛江博物馆时，参观者更为稀少。

现实是残酷的。我们不得不承认这个事实：雷州石狗已经被历史的风沙所掩埋，正被人们所忽视。忽视等于遗忘！

然而，唯一值得庆幸的是，雷州市政府已经意识到石狗的价值，并通过该市博物馆征集石狗雕塑，已建立陈列馆，展出石狗一千多只，而且2004年"雷州石狗"已被列为全国的且是广东省唯一的"国家民族民间文化保护工程试点项目"。我们希望在不久的将来，雷州石狗将尽情展现它们的风采，冲出雷州半岛，冲出中国！

我们的建议：

1. 加大资金的投入。政府应更加重视石狗文化，加大对雷州石狗的保护和宣传的资金投入。

2. 加强管理。对石狗的管理人员制订合理的工作时间表，要求其加强对石狗的保护和宣传工作。

3. 提升品位。让雷州石狗以文化遗产和艺术精品的形象"走出去"，进一步挖掘雷州石狗的艺术内涵。

4. 加大宣传力度。适当地开展一些活动，如雷州石狗文化展、文艺晚会、红土文化节等。

5. 发展民俗特色。开发雷州石狗吉祥物或与该方面有关的产品，在取得经济效益的同时宣传雷州石狗文化。

## 四、结束语

如果说秦兵马俑是以威武神勇的形象存在于历史的时间里，那么，雷州石狗是以可爱天真的形象慢慢在历史的长河中熠熠生辉。就像《周礼》的宗旨："服从天命，敬德保命。"

总之，遍布雷州半岛城乡的石狗就是图腾文化信仰与宗教文化相结合的历史产物，它所见证的是多民族融合、多种文化交汇升华的历史进程。这种古代的神秘色彩，交织着百越与南迁汉人相互融合的亲和景象，更交织着中原文化与本土文化碰撞而迸发出的文明之光。当我们审视这神秘而充满艺术魅力的雷州石狗群落那多姿多彩的神韵时，不能不被雷州文化散发出的艺术魅力所震撼。雷州石狗的保护与研究工作任重而道远，需要我们大家的关注与呵护。这尘封的历史文化定会有一天在人们的思想里绽放光彩！

（该课题获湛江一中校本课题结题评审二等奖）

# 核心素养下历史教师胜任力的研究

## ——广东省教育科学"十三五"规划课题申报

## 一、研究意义（研究背景、应用价值、学术价值）

### 1. 研究背景

2017年新课标明确了以立德树人为历史课程的根本任务。历史课程要将培养和提高学生的历史学科核心素养作为目标，使学生通过历史课程的学习逐步形成具有历史学科特征的正确价值观念、必备品格与关键能力。

胜任力是个体之所以能够胜任某项工作所具有的个人特征，包括知识、技能、动机、态度等所有与工作相关的个人属性。教师胜任力是指素养的外显能力，亦即教学办法、技能等行动力，但更深层地看，成就这种行动力质量之根本在于内在素养——指导行动的思想、信念和价值取向等内隐的驱动力。

学生通过学习能否生成学科素养，关键在于我们教师在应对这个变化的时候有没有这样的学科素养。如果教师不具备这样的素养，外显的胜任力是没有的。历史教师只有自觉地不断从历史中汲取养分、修炼自身、积淀素养，才能有底气、有能力胜任学生的素养教育。

### 2. 应用价值

教师专业成长的目的是为了更好地胜任教师工作。本课题从学科核心素养的角度出发，对教师胜任力应达到的程度进行研究；再通过教师史学阅读、课堂中核心素养落实、高考备考及命题能力等实践活动进行对比性研究，寻找到教师素养提升的途径。我们从教学实际情况出发，有的放矢地提出教师专业成长的可行性路径，教师可以参考这些胜任力特征，对自己的胜任力情况进行自测，了解自己具体在哪些方面上有不足，然后改进这些方面，提高自己的专业水平。这样就为新课标下的教师成长提供了动力和信心。本课题研究还可为科组培养有素养的教师提供经验，为学校管理提供参考。

### 3. 学术价值

本课题从核心素养的角度研究胜任力，比以往从分数、升学率等来衡量教师胜任力，更符合新时期教师专业成长所要研究的内容，可以说是教师专业成长的新视角。研究过程中结合各年级教师贯彻新课标理念的落实问题来研究胜任力，丰富胜任力在教育领域的研究。

## 二、本项目的研究现状

20世纪70年代，美国心理学界指出：传统的智力测评和人格测试在预测工作绩效方面有很大的局限。哈佛大学教授McCelland在其一篇具有标志意义的文章中提出胜任力的概念。胜任力的理论研究和应用随即风靡美、英、加等西方国家。在对教师的胜任力研究方面，有调查指出，教师胜任力是一个多因素模型结构，15个因素对成功的教学行为至关重要。我国20世纪初开始关注教师的胜任力问题。2004年，山西大学韩曼茹的论文《中学班主任胜任力研究》对班主任的胜任力进行探索，得出4大类12项胜任特征。20世纪初高校研究教师胜任力成果颇丰，特别是教师胜任力模型结构方面。（舒莹的《教师胜任力研究综述》发表于《韩山师范学院学报》2006年4期；陈亮、张元婧的《教师胜任力研究现状及未来研究方向》发表于《人才开发》2009年第1期）随着新课标学科核心素养的提出，研究中学教师胜任力成为近几年中学教育界的热点。2016年7月，《中学历史教学参考》发起、组织"全国历史教师学科素养与高考教学胜任力研讨会"。会议研究了学科素养是什么及教师在核心素养下的素养提升途径，内容十分丰富，包括传统文化素养、历史核心素养内涵、人的关注与教学革命、高考复习中的核心素养等。这次会议引起了中学历史界对核心素养与教师胜任力的极大关注。

## 三、本项目的总体框架和基本内容、拟达到的目标（阶段性目标及总体目标）

**1. 总体框架**

成立课题组（2018年12月）

↓

理论学习（购买并研读专著、论文；了解概念界定、国内外研究情况；研读相关的论文，提出初步的胜任力模型）

↓

分工（课题负责人总体策划、撰写研究报告等；成员进行共读活动、课例研究、问卷调查、论文撰写等）

↓

正式实施（2019年3—8月史学阅读，提高专业素养的研究；2019年9月—2020年7月进行课例分析、学生学业成绩总结、师生问卷调查）

↓

总结（2020年8月—2021年3月收集整理相关资料，撰写论文、研究报告、专著）

**2. 基本内容**

（1）核心素养下教师胜任力模型的研究。

（2）核心素养下教师史学阅读与实践运用的研究。

（3）核心素养下历史学科五大核心素养落实的课例研究。

（4）核心素养下教师高考备考与命题能力的研究。

（5）核心素养下教师专业成长案例分析。

**3. 阶段性目标**

第一阶段（2018年12月—2019年2月）：准备阶段。使课题组成员明确目标，对课题研究充满信心。

第二阶段（2019年3—8月）：胜任力内修提高的研究。增强教师的史学修养，通过对比分析认识史学阅读的重要性，为研究教师胜任力的提升提供依据。

第三阶段（2019年9月—2020年7月）：核心素养下历史学科五大核心素养落实的课例研究。

以上阶段的主要目标：提升教师胜任力的实践水平，掌握师生对核心素养在课堂运用的反馈意见，研究教师教学能力提升有哪些途径。

第四阶段（2020年8月—2021年3月）：总结阶段。提出教师胜任力提高的途径研究的结论。

总体目标是通过研究核心素养下教师胜任力，寻找到教师提升的途径。

## 四、拟突破的重点、拟解决的关键问题及主要创新之处

### 1. 拟突破的重点

"素养时代，如何推动课堂转型使核心素养落实"的课例研究。

### 2. 解决的关键问题

五大核心素养在不同年级、不同课型用什么方法达成及教师的成长途径。

### 3. 创新之处

研究教师胜任力与核心素养的关系，研究教师的专业内修与外显的技能结合，说明核心素养下有胜任力的历史教师就是："教有生命的历史，做有专业情怀的教师。"

## 五、本项目的研究方法和研究手段、研究计划

### （一）研究方法和研究手段

### 1. 文献法

主要通过收集有关胜任力、教师专业成长等方面的文献资料，对其中有益于本课题研究的部分进行归纳总结，为研究奠定理论基础，以实现研究目的。研究者主要是通过百度文库、图书馆、个人购买的书籍查阅获取相关文献。

### 2. 案例分析法

尝试把学习和研究得到的有关核心素养下教师成长的理论成果及时应用于教学实践，并分析归纳各阶段课例、问卷、师生成长足迹的实例，得出结论。

### 3. 调查问卷法

对师生进行问卷调查，对教师是否具有胜任力的特征和达到的水平进行调查分析，为研究提供较为可靠的依据。

## （二）研究计划

研究计划如下：

1. 第一阶段2018—2019学年度第二学期（2019年3—8月）：内修与初期实践

研究主题：素养时代，促进教师专业发展，推动教师转型，阅读是关键。

（1）课题组成员共读《做一名有专业情怀的教师》（胡军哲著）。（3—4月）

（2）课题组成员自读《历史教育：追寻什么及如何可能》（张汉林著）。（5—6月）

（3）与备课组教师共同使用《历史课标解析与史料研习丛书》（总主编：何成刚）（2019年3月—2020年7月），在阅读中长见识，在教学中运用史料扩大师生视野。

黄老师、张老师收集课题组成员关于"阅读对专业成长的影响"的感想、阅读在课堂中运用的案例，研究教师胜任力的内在积淀的途径。

2. 第二阶段（2019年9月—2020年7月）：实施阶段

研究主题：素养时代，推动课堂转型，使核心素养落实的关键是行动。

课题组成员魏老师、梁老师在非毕业班以"核心素养引领下的探究课堂模式"上研究课、公开课；收集课例、多样化作业、师生问卷调查；研究教师胜任力外显技能提高的途径。

课题组成员张老师在高三毕业班以"核心素养下的高考课堂模式"上研究课、公开课，并进行命题；研究教师胜任力外显的技能中高考备考能力提高的途径。

3. 第三阶段2020年3—12月：总结阶段

魏老师、梁老师对师生问卷调查、学生学业成绩、教师上课案例、成长感想收集整理形成分析报告。

4. 第四阶段2021年1—3月：

黄老师、张老师等撰写论文、结题报告或专著。

## 六、负责人前期研究基础

本课题组负责人从1989年参加工作以来，一直在湛江一中从事历史教学工作。2004年至今担任本校历史科组长，是湛江市首批名师工作室主持人，目前担任高二年级的历史教学工作。主持广东省中小学教学研究"十二五"规划重点课题"广东省中学历史学科教研组建设理论与实践探索"的子课题"运用自主学习合作探究的课堂教学模式，全面提高教学质量的探索"，该课题在2016年获湛江市第三届基础教育教学成果二等奖。参与广东省中小学教学研究"十二五"规划课题"校本课程的开发与实施研究"，该课题在2016年获湛江市第三届基础教育教学成果一等奖。主持湛江一中2018年校本课题"全国高考卷42题小论文题的答题方法研究"，获二等奖；论文《以问题探究为引领，以情怀立人为价值的课堂教学》发表于《中学历史教学参考》2019年第3期；论文《以家国情怀为灵魂的历史课堂初探》于2018年获《中学历史教学参考》举办的"核心素养与教学改革"全国学术研讨会论文比赛二等奖。2017年，《美苏争霸》一课获"一师一课"市级优课。

本课题对相关文献资料进行了收集，主要有《做一名有专业情怀的教师》（胡军哲著）、《历史教育：追寻什么及如何可能》（张汉林著）、《全国历史教师学科素养与高考教学胜任力研讨会专题报道》（《中学历史教学参考》2016年第9期）、《基于胜任力的中小学教师专业成长路径研究》（张驰著）、《历史课标解析与史料研习丛书》（总主编：何成刚）等等。

本课题主要通过与日常教学实践相结合来进行。课题组教师主要利用节假日收集资料、整理资料、撰写论文等。学校图书馆、科组、个人购买的新课标、核心素养、教师专业成长的相关理论和案例书籍充足；学校组织科组长、备课组长到省内外观摩，学习了许多新课标课堂教学的有益经验；学校、科组开展了新课标理论学习；青年教师参加学校核心素养下的教学设计、上课比赛，取得了很好的成绩，积累了一定的经验，促进了教师专业成长；学校及科组对教师科研有足够的重视和支持。所以，本课题组开展研究在多方面的条件已经具备。

# 初高中历史衔接教学问题与对策研究

## ——湛江市"十三五"规划课题研究成果

## 一、课题研究的因由

《国家中长期教育改革和发展规划纲要（2010—2020）》明确指出："树立系统培养观念，推进小学、中学、大学有机衔接。"2017版高中历史课程标准指出："普通高中历史课程，是在义务教育历史课程的基础上，进一步运用历史唯物主义观点，……促进学生全面发展的一门基础课程。""高中历史课程的设计要考虑到与初中、大学相关专业的衔接。"

我们的现状：初中历史课程相对简单，需掌握的内容较少，而高中历史课程内容多，学生要完成三本必修、两本选修，课程多，难度大。相比初中教材，高中历史对学生的自学能力、思维能力等都有了较高的要求。而大多数学生刚刚离开初中，经过辛苦的中考，认为到高中可以放松一下自己，有些学生迷恋上网、打游戏等，导致两个阶段的学习衔接出现了漏洞。种种原因导致高一学生学习历史的积极性严重受挫，成绩明显下降，进而影响了高二、高三的学习。因此，从初高中学习方法、心理变化角度研究初高中历史衔接教学是非常重要的课题。

近年高考命题特点也提醒我们需要关注初高中知识的衔接问题。例如，2018年全国Ⅰ卷25题"安史之乱"、27题"郑和下西洋"等，这些史实在初中学过，高中教材不再详细讲解。所以，研究初高中的教学内容如何衔接是非常有必要的。

## 二、研究策略——以课例入手研究初高中历史教学的衔接

### （一）通过听课寻找差异

本市海东二中的陈婷老师讲授初中历史《北方的民族交融》一课，是2016年教育部审定的中图版《中国历史》七年级上册第17课。高中历史课程标准的相关课程内容要求是：通过北魏孝文帝改革，初步理解民族交往、交流、交融对中华民族发展的意义。教材从"北魏统一北方""孝文帝改革"和"北方民族交融的发展"三个方面阐述孝文帝改革的背景、措施、意义及北方民族交融的历史，线索清晰。

而高中与"北魏孝文帝改革"相关的知识，以人民版为例，集中在选修课本《历史上重大改革回眸》专题三中。其内容分为两课讲授，第一部分为"励精图治的孝文帝改革"，讲述为什么改革及如何入手改革；第二部分为"北方经济的逐渐恢复"，主要讲改革的意义。按照高中历史课程标准的要求，学生需做到以下三点：了解北魏孝文帝改革的背景，归纳北魏孝文帝改革的主要内容，探讨北魏孝文帝改革的历史作用。

结合历年高考真题可知，《北魏孝文帝改革》一课在高考中的高频考点为"均田制"，该考点可延伸为后世均田制的实施和破坏。例如，2017年全国Ⅲ卷26题考查唐代后期敦煌土地占有情况统计，C选项便是"均田制破坏严重"；又如，2014年广东卷13题考查唐朝诏令批判当时出现的土地兼并现象，B选项为"均田制受到破坏"；再如，2014年的海南卷，直接考查北朝均田制的实施目的。

由此可知，现行初中历史教材经过几次调整内容比较简单，知识点少，教师一般要求学生侧重于识记和简单应用，思维难度不大。课堂容量较小，学生只要平时能认真听课，完成好作业，甚至部分学生只要认真背诵，不需花太大力气也能保持好成绩。

而现行高中历史教材中每一模块、章节中都有一些内容较难，加上高中历史教师受高考的影响，实际讲授内容很深，从高一上学期开始对学生的要求就大大提高了，除了知识点的记忆，更侧重规律的分析与理解，思维难度增大。

## （二）在高中教学中关注初高中历史教学衔接的实践

### 1. 高中教师要对初中教材内容有所了解

备课作为教学当中的一个环节，教师通过备课能够将课本章节的教学目标要求、重要的知识内容、教学的难点等都整理出来，从而能够在课堂上有针对性地进行教学。目前，许多高中历史教师虽然在课前做了充分的备课准备，但一般以课标要求和高中课本为基础，辅以学生的学情，却缺少了与初中知识的链接。

如果高中教师能在备课时了解一下初中教材的内容，了解我们的学生在初中时对该知识点的掌握程度，在进行相关章节教学时，尽可能衔接相关知识点，便能使知识线条更加简洁明了。

比如《北魏孝文帝改革》一课，教师从学生初中熟知的改革措施开始讲起，再反过来推出改革是否必要、改革与少数民族封建化的关系等内容，学生就能更好地由感性思维过渡到理性思维。

### 2. 高中教师可借鉴初中历史教学方法，提高学生课堂学习的积极性

比如在高中《北魏孝文帝改革》一课中，单以教师讲授为主的方式，确实较容易将本课重难点讲透、讲清，但学生也容易形成对历史刻板的印象，认为课本上写的、老师讲的知识就是真理，进而渐渐失去对历史"寻真"的兴趣。

因此，在再次讲述该课时，我为了调动学生学习的兴趣，从多角度的史料入手，拓展学生的历史思维。

笔者准备了以下几则史料：

材料一："自晋宋以来，号洛阳为荒土，此中谓长江以北尽是夷狄。昨至洛阳，始知衣冠士族并在中原，礼仪富盛，人物殷阜，目所不识，口不能传。"（杨炫之《洛阳伽蓝记·城东》）

材料二："有户落近二十万（迁移北方）。如以每户（落）五人计，已达一百万人。而刘宋时长江中游地区荆、郢等州户籍所注不过十八万余户，一百余万人。可见南朝时蛮族人口北徙的数量是相当可观的……其时间主要发生在魏孝文帝时期及其后，这与孝文帝改革促进了北方政治稳定、经济发展、民族关系的相对和睦，以及北方实行均田制，对于南方人民具有一定的吸引力当不无关系。"（黎虎《六朝时期荆州地区的人口》）

材料三："自孝文定鼎伊、洛，务欲以夏变夷，遂至矫枉过正，宗文鄙武，六镇兵卒，多摈抑之，有同奴隶，边任浸轻，裔夷内侮。魏之衰弱，实肇于此。"（马端临《文献通考》）

材料四："凡历史上有一番改进，往往有一度反动，不能因反动而归咎改进之本身；然亦须在改进中能善处反动方妙。魏孝文卒后，鲜卑并不能继续改进，并急速腐化，岂得以将来之反动，追难孝文！"（钱穆《国史大纲》）

从上述四则材料可知，材料一、二和课本的结论是一致的，而材料三、四则截然相反。学生通过阅读、分析这些有冲突的材料，批判性思维得到了发展和提升。这时我也适当点拨了孝文帝改革的局限性，如他的改革使鲜卑族失去了应有的民族特色，从而引导学生更加全面客观地分析此次改革的作用。

## 三、结论

（1）从高中历史课程标准、高考、学生的现状分析，我们应该重视初高中历史教学的衔接问题。

（2）史实不可变，初高中教材都有涉及，但内容的深度、广度不同，学习方法也不同。教师要讲到位，才能适应高中学习和高考的要求。对一些高中课本没提到的重大史实，要帮助学生回顾和补充新角度、新观点。

（3）初高中衔接的关键是学生心理上、学习方法上的适应，我们要设计一系列的历史活动课，教会学生一些学习方法，帮助学生度过适应期。

结语：初高中历史教学的衔接问题是实现有效课堂教学的一个重要课题。如果广大历史教师能够重视并切实持之以恒地做好这一方面的工作，不仅可以省去我们自己许多"重复劳动"，提高课堂效率，尤为重要的是可以切实关注学生的需要，实现学生的可持续发展。

本课题研究还存在不足的地方，愿在以后的教学工作中继续探讨，让初高中历史教学衔接问题的研究可以服务于我们的课堂教学，实现有效的课堂教学。

（本人辅导林菁老师的该课题研究于2018年6月通过湛江市教育局评审结题）

# 情思教学中高中生历史思维能力的培养

## ——广东省"十三五"课题"中学历史情思教育的理论与实践研究"子课题研究

### 一、课题研究的必要性

随着教育部《中学生发展核心素养（征求意见稿）》的出台，"核心素养"一词迅速成为基础教育领域关注的热点。就历史学科而言，其核心素养是学生在学习历史的过程中逐步形成的具有历史学科特征的思维品质和关键能力，是历史知识、能力和方法、情感态度和价值观等方面的综合表现。高中阶段的学生正处于思维发展的关键期，如何进一步加强教学研究适应新时期课程改革的要求，如何培养学生的历史思维能力，全面提升学生的核心素养，是当下需要深入研究的问题。

当今高考命题的特点是考查对材料解读的能力，而试题给出的材料学生几乎没见过；考查解释长时段历史演变特点和比较能力，试题的比较点常常是学生平时较少接触的；考查开放性的小论文题更是"年年变脸"。要应对高考，就必须具备较强的历史思维能力，必须提高分析、解决问题的能力，可以说，历史思维能力是历史高考成败的关键。

长期以来，历史学科以"死记硬背""填鸭式教学"而饱受诟病，教师把教材上的现成结论硬灌输给学生，教学过程功利化；有相当一部分学生被动机械地接受历史知识，教条地背诵教材中现成的科学结论，思维迁移性较差，没有个人独立创新思维的过程，更不会应用已学知识去处理现实生活中的问题。这样导致历史学习成绩很难提高。

通过本课题研究，学习如何改变学生的思维方式，提高学生的思维能力和创新能力，促进学生的全面发展，也达到以研促教、加快教师的专业化成长的目的。

## 二、研究策略

### （一）通过调查问卷了解现状

调查问卷主要发放给高一文科班学生和教师，了解他们对历史思维能力现状、困惑、要求及对思维能力的看法，通过数据分析问题。为了全面了解学生历史思维能力的现状及其成因，本人采取年级抽样与班级重点调查相结合的方法，对高一年级7个文科班级进行调查，问卷采取不记名的方式，共375名学生，发出问卷375份，收回有效问卷370份，作为本次调查的样本。我们绘制了普通高中学生历史学习情况的问卷调查数据分析表。另外，教师访谈的主要内容有：

（1）您对历史思维能力培养有何认识？

（2）您在课堂上，一般采取什么样的教学方式？您是否重视史料教学？

（3）在您的教学中，是否把学生历史思维能力培养放在首要位置？您认为当前影响历史思维能力培养的因素有哪些？

（4）您认为教师要如何改善现状，培养学生的历史思维能力？

根据问卷结果可知，高中学生历史思维能力现状表现为：①学生依赖性强，不愿动脑思考问题，严重依赖教师列提纲、画范围；②不敢"越轨"，一些学生在历史学习中，唯书本至上，唯教师至上，对有问题的地方，不想也不愿意主动深入探究；③死板教条，教师在培养历史思维能力方面也存在着教学模式僵化、学科能力素养不足、能力培养缺乏计划性等问题。因此，培养高中生历史思维能力任重道远。

### （二）高中生历史思维能力培养的实践

#### 1. 在课堂教学中选取有效史料

无论是问题情境创设，还是教学活动的选择，都离不开材料的支持。想要在高中历史教学中培养学生的历史思维，需要引入新的材料和观点，借助这些新材料和新观点，教师一方面可以帮助学生提升自己的历史思维能力，另一方面可以引导学生去接近历史的真相。

例如，在学习岳麓版高中历史必修一《鸦片战争》中关于鸦片战争的起因时，给学生呈现以下信息：

材料一："在鸦片战争以前，我们不肯给外国平等待遇；在以后他们不肯给我们平等待遇。"（蒋廷黻《中国近代史》）

材料二：它（鸦片战争）不过是一个持续了二十年，并且要决定东方和西方之间应有的国际和商务关系的斗争的开端。（马士《中华帝国对外关系史》）

材料三：它是地地道道用鸦片染成的战争，尽管说根本问题是北京愿意不愿意接受和英国订立平等国家的关系问题。（费正清《伟大的中国革命》）

材料四：（清政府）竟然把能给我们大英帝国带来无限利益的大批商品，全部给予销毁！我要求议会批准政府……去惩罚那个极其野蛮的国家！……要保护我们天经地义的合法贸易。（英国外相巴麦尊在议会上发表讲话）

通过材料，学生可以体会不同立场、不同角度的结论是有差异的。例如，英国学者马士认为鸦片战争是由于双方的商业冲突引起的，英国外相巴麦尊认为这是中英之间维护鸦片贸易的战争，而中国学者蒋廷黻与美国学者费正清认为鸦片战争是双方文化差异的表现。

因此，用对立多元的材料观点，引导学生大胆质疑权威学者的观点，以此培养学生的历史批判性思维，这也符合杜威先生的倡导：教育在充实人们知识的同时，也应该培养人们挑战权威的意识。

**2. 课后设计多元作业，培养历史思维能力**

传统的历史科作业是学生被动地接受，一部分学生看到历史主观题就会害怕、生厌，觉得历史作业是负担，做作业效率低，面对主观题直接抄参考答案等。"多元智力论"给了我们很好的启发：应该以多元化的评价体系激励不同程度的学生。设计新颖的、面向全体学生的、让每个学生有成功感的作业是新课程理念对我们的要求。以人民版必修三《人民教育事业的发展》一课为例，在学习了三个时期教育事业发展的有关内容后，我布置了课后作业，主题是"三代人眼中的教育"访谈录，并以手抄报或角色扮演的形式将得到的内容呈现。学生积极踊跃参与这项课外作业，有的在网上搜集了资料，有的采访了家中的老人，还有的制作了改革开放前后的对比图集……在完成作业的过程中，不少学生发现了新问题，有的在课堂上提问，有的选择私下和老师交流，但都体现了学生问题意识的提高。

由此可见，设计多元化作业激发了学生学习历史的兴趣，给予学生足够的空间和时间，去完成作业、去探究问题的答案，在此过程中还萌生了新的问题，促进学生历史思维水平的进一步提高。

### 3. 采用开卷考试，培养历史思维能力

考试从类型上来讲，可分为开卷考试和闭卷考试。开卷考试是为了促进学生全面发展、张扬学生个性、拓展学生思维而设计的闭卷考试之外的各种考试内容和形式，如历史小论文、考察报告等。开卷考试是对考试形式的有益探索，激发了学生的探索精神，提高了学生的实践能力，培养了学生的创新思维。

高中测试考试包括平时的周测、月考、期末考、高考等，月考、期末考和高考等统一采取闭卷形式。我们平时学校组织的周测可以根据教学内容和学习进度，适当地采用开卷考试。因为与闭卷考试相比，开卷考试的试题更具开放性，更加灵活，为考生回答问题提供了充分的思考空间，有利于学生充分发表自己的见解，展现自己的能力，发挥自己的水平，有利于培养学生的发散性思维，提高学生的历史思维能力和创新能力。

例如，在学完《戊戌变法》这一课后，以开卷考试的形式考查戊戌变法失败的原因，可以深化学生的历史思维。题目如下：对于戊戌变法失败原因的争论，历来莫衷一是，请结合日本明治维新和中国戊戌变法的历史事实，以"改革的成败取决于……"为题，撰写一篇历史小论文。（要求：紧扣所给主题，突出个人理解；结合中外史实。注重材料分析，文章要结构合理，文字流畅通顺。）

这道试题，目的在于引导学生利用所学知识，结合自己的理解，从不同角度、不同层面分析历史问题，对培养学生的历史思维能力，无疑会起到启迪的作用。

结语：在历史思维能力的培养中，我们需要从以下几点开展实践：一是在教学设计过程中，设计对历史事件有不同评价的历史史料，让学生展开讨论；二是布置多元的、创造性强的课后作业，提高学生学习的积极性；三是

采用开卷考试的形式，更好地培养学生思维的广阔性、灵活性、批判性和创新性。

此外，我们还要改变一些不利于思维能力培养的习惯，充分相信学生，给予学生足够的耐心，让学生有时间思考，敢于提问，这样的教学才能使学生历史思维能力得到培养。以上是我对培养学生历史思维能力的对策的思考。当然在教学实践中，影响学生历史思维能力培养的因素很多，如何提高学生历史思维能力仍然是要继续探讨的课题，有待进一步研究。——

（本人辅导魏嘉嘉老师的该课题研究于2018年6月通过湛江市教育局教研室评审结题）

# 微课题研究案例

微课题的"微"并不是说研究的问题无足轻重，恰恰相反，小课题研究应该针对我们在教育教学中的关键问题开展，如新时期教学工作面临的种种问题。在研究中要结合实际、自己的特长及兴趣，寻找"小"的切入点，从而在实践中寻求解决问题的有效途径。我在接手高三班后，看到学生对高考42题望而生畏，就寻找办法帮助学生解决这个难题，后来把这个问题转化为校本微课题研究。

在问题提出时用白描的方式叙述缘由：

该题12分，据阅卷教师提供的数据，2016年42题平均分为0.28分；2017年平均分约6分。由于题目形式没见过，一部分学生觉得无从下手而干脆放弃。教师评卷一般分三个档次赋分，第一档9～12分，第二档5～8分，第三档0～4分。从我两个班的成绩单来看，三个档次中，学生大多数处于三档到二档之间（3～6分）（提交所教两个班学生8—9月份历次测试42题小论文题的得分表格）。历史全国高考卷的小论文题主要考查学生的学科思维和学科能力，题型新颖，有观点辨析题，观点阐释题，图片、表格、目录解析题等，人称"年年变脸"。由于题型灵活多变，能力要求高，高三文科生大多有畏惧心理，答题思路混乱。每次考完试，总有学生愁眉苦脸地问我，我的小论文题为什么总拿不到高分呢？他们都希望老师给予更多的指导，更好地提高答题能力，应对考试。

我设计实操性的研究思路如下：

（1）按高、中、低三个档次学生的42题答题分数跟踪研究，目的是因材施教，有的放矢。

（2）把2012年以来全国高考卷42题进行分类整理，做一个计划表，记录各种类型在哪个单元进行讲授、训练，学生每次成绩怎样、进步的原因、没有提高的原因。

（3）训练的课例收集。

（4）不同层次学生的答卷收集，个别辅导的情况记录。

（5）收集高考前4—5月份的42题成绩，进行对比分析，写出研究报告。

研究成果：通过相关的课堂教学案、学生成绩对比表格及结论形成一份论文，说明研究原因、如何研究、有何效果、反思等。该微课研究获学校校本课题研究评审二等奖。

**案例：**

### 历史课堂中教师提问策略研究

**一、选题缘由（研究背景）**

我国著名的教育家陶行知先生曾有一句名言："发明千千问，起点是一问。"它深刻地揭示了课堂提问对于教师教学的重要性。因此，作为课堂教学中重要手段和师生互动的重要环节，在新课改的背景下，高中历史课堂提问策略的研究十分重要。但是当前师生在课堂提问方面存在较大的不足，主要表现如下：

**1. 历史教师课堂提问的技能不足**

（1）问题设计过于简单或过于深奥。通过对学生的问卷调查得知，60.61%的学生认为历史课堂提问的问题多为简单的表象性问题，如"林则徐、魏源的思想主张有哪些""维新变法的代表人物有哪些"等。有24.24%的学生认为历史课堂提问的问题过难。过于深奥的问题通常超出学生现有的知识储备，对课堂知识过度拔高。过于简单和过于深奥的问题难以激发学生积极性及提高学生思考和分析问题的能力。

（2）历史课堂中提问次数太多或者一次提问多个问题，问题难度设计缺乏梯度性，留给学生思考的时间太短。为改变历史课堂"满堂灌"的现象，一部分教师开始增加提问的次数，却又出现"满堂问"的课堂，一节课中提问太多而解答和引导不足。30.3%的学生认为教师提问后留给学生思考的时间太短。

（3）问题设计不够清晰，表述不够科学。历史学科内容纵贯古今，横跨中外，无所不包，因此历史课堂中经常出现陌生的名词或模糊的概念，当这些陌生名词或模糊概念进入历史课堂提问中，经常会出现表述有误或问题不清的现象，如"林则徐和魏源在学习西方的过程中有何异同"一问，"学习西方的过程"表述得不够准确，是指向学习的范畴，学习西方器物所经历的不同阶段，还是林、魏二人向西方学习的思想？这种类型的问题应当要注意表述，否则课堂难以得出有效答案，也无法提高学生的问题分析能力。

（4）提问方式和类型单一、提问时机随意、提问语气平淡，导致课堂乏味，不能增加课堂的趣味性和历史性。历史本身充满趣味性，而通过访谈可知，现行的历史课堂趣味性不足，学生对历史学的印象也停留在枯燥乏味和"背多分"层面。造成这一现象的原因很多，课堂提问方面也有一定影响。

（5）未能创设历史情境，引导学生将问题放在具体历史条件下分析。调查显示，有64.29%的学生表示历史课堂的提问未能或较少创设历史情境。特定历史事件的发生有其特定的历史背景、历史条件，这是历史学科的重要特点。分析近年高考题，大部分问题均根据所提供材料的语言设问，学生作答时也需要结合材料所创设的历史情境。这就要求我们在平时的授课中，运用历史材料创设历史情境。如提问"如何评价中体西用思想"时，直白的提问往往无法激发学生的思考，若能引导学生回顾已学政治、经济模块的知识，并适当提供材料，则更能激发学生的思考。

**2. 学生参与课堂提问的意识和能力不强**

在传统的教学课堂中，学生习惯听老师讲、记笔记，方便课后背诵，对于老师提出的问题，学生不愿意思考。从课堂观察和采访调查可知，学生回答问题的意愿比较低，举手回答较少，集体回答时则大多不开口或信口开河。

高中阶段历史知识难度加深，对学生抽象思维和概括能力的要求较高，学生在参与课堂提问时，容易出现理解偏差、回答过分口语化、答案缺乏思考等问题。

总体来说，历史课堂教师提问现状不容乐观，因此有必要对高中历史课堂教师提问策略进一步研究，更好地实现高效课堂。

**二、提问策略的研究——以人民版必修三《顺乎世界之潮流》一课为例**

**1. 在何处设问**

（1）在课本的重点处提问。课本的重点内容就是学生在学习时应当着重注意的知识点。《顺乎世界之潮流》一课重点是了解鸦片战争后中国人学习西方、寻求变革的思想历程。那么我们设计提问的切入点就不能放过这个知识点。在教材此重点处设计问题进行提问，引导学生思考解惑，教师通过设计一些具有启发性的问题，帮助学生通过重点来把握整节课的知识，从而使教学达到事半功倍的效果。

（2）在课文难点处设问。学生学习过程中感觉困难的知识点就是难点，难点通常是学生学习的绊脚石，我们在课文难点上提问，重点解读这些难点可以帮助学生突破难点。那么我们应该怎么设计提问呢？此课的难点是分析每个历史阶段中国人向西方学习的异同点和内在联系，为了突破这个难点，我采取了化难为简、化整为零的办法，将这一难点知识转化为一系列的小问题，通过不断解答这些小知识点来使学生在不知不觉中理解该知识。

例如，维新派和顽固派的思想论战，革命派和改良派的思想论战，革命派与维新派的异同。

（3）在课文细节处或者易错点处提问。细节虽小，但它在整体中起着非常重要的作用，正如俗语所言"细节决定成败"。可以相信，细节在教学中发挥着重要的作用。有时，一节课的精彩与平庸，往往就取决于细节够不够完美。因此，我们在寻找提问切入点时要充分利用细节，如：

材料一：布衣改制，事大骇人，故不如与之先王，既不惊人，自可避祸。

材料二：上师尧舜三代，外采东西强国，立行宪法……则中国之治强，可计日待也。

根据材料，分析康有为为什么要打着孔子的旗号来实行变法。

（4）在考点处提问更能加深学生的重视度。考试中的热点、难点、重点就是考点。虽然我们通常说学习不是为了考试，但是如果能够在考试中取得好成绩，学生的学习热情会更加高涨，学习积极性也会增加。因此，我们在教学过程中不能忽略考点，教师也可以通过在考点处提问加强学生对考点的重视从而准确地把握考点。以考点作为提问的切入点是相对比较简单的，但是这很考验教师对业务的熟练程度。教师在授课之前要了解课本内容的考点分布，并且寻找到最近几年本考点所考的知识，上课时针对这些题目给学生加以讲解，尤其是在高二阶段，更强调选择题的训练。以高考选择题的方式来训练和提问也不失为一个好办法。

例如，（2012年全国大纲卷16）张謇评论某人时说："以四朝之元老，筹三省之海防，统胜兵精卒五十营，设机厂、学堂六七处，历时二十年之久，用财数千万之多……曾无一端立于可战之地，以善可和之局。"张謇评论的是（　　　）。

A. 曾国藩　　　　B. 李鸿章　　　　C. 张之洞　　　　D. 袁世凯

**2. 如何提问**

（1）新课导入的激疑提问策略。在学习每堂课之前，学生对所要学习的内容都是相对陌生的，学习的兴趣也因此相对淡薄。所以，要在新课导入的时候，设计出必要的疑难问题，注意激疑性提问。利用这种策略，通过设置疑问激发学生兴趣，以激发疑问的手段集中学生注意力，唤起学生解决问题的欲望，从而提高学生思维的积极性，刺激学生产生获取新知识的强烈愿望，为学习新知识做好充分准备。

例如，在人民版高中历史必修三《顺乎世界之潮流》一课中，本来对思想史就较为陌生的学生，或许对世界潮流也只停留在民主一词上，甚至说不出世界潮流具体指的是什么。所以，在新课学习前，教师可通过提出问题导入新课，利用现实学习中学生模棱两可的心理来引发他们思考。例如，近代世界的潮流是什么？学生回答是民主；教师再次发问，民主是近代化在政治上的表现，除了政治上表现为民主化，还可以从哪个角度分析？由此问题引发学生学习的欲望，完成课堂导入。

（2）重难点问题的合作探究提问和发散性提问策略。合作探究提问模式是教师以提问引导和组织学生对某一问题进行合作讨论、答疑点拨，最后解决问题。具体手段是提出一个讨论主题后，把学生分成几个小组，让学生在各自的小组中围绕着教师提出的问题交流讨论，阐述自己的见解，使学生在思维与观念的相互交流和碰撞中，以合作的方式自主发现问题和解决问题，最后通过教师的点拨和提示得出答案，以此促进学生历史思维能力的培养。

在讲授教学重点内容时，注意发散性提问。教师要充分挖掘历史知识的教育潜能，尽量多角度地提问，做到一题多问，引导学生从多个方面去思考，把学生的思维逐步引向深入，从而揭示历史事件的本质特征和内在联系，创造出超常的思维成果。

例如，《顺乎世界之潮流》一课中关于维新派和顽固派的论战，可以引导学生分组合作进行辩论。引导学生分析：如果将维新派同顽固派之间围绕变法、民权、西学三个问题论战中的主张同鸦片战争以来林则徐、魏源、曾国藩、李鸿章等人的思想做一番比较，有什么相同与变化呢？

（3）课后总结归纳提问模式。在授课结尾处，注意归纳性提问，学生对具体化的材料进行本质性的概括，以形成历史概念，或引出逻辑性的结论。教师进行归纳提问的过程中，注意帮助学生对一些复杂的内容进行多阶段的分析、综合，实现由个别到一般的认识飞跃。这样的提问比较适合于单元教学结束时的复习总结。

例如，《顺乎世界之潮流》所在的单元"近代中国的思想解放潮流"中，进行总结时，可以用表格的形式让学生归纳总结地主阶级、资产阶级、无产阶级向西方学习的背景、主张、实践、特点、意义等。

三、结论

（1）教师在课堂教学中从关注学生的发展、关注学生的个体差异的角度出发，注重提问形式的多样化，精心设计课堂教学中的提问，促使学生积极主动地开展探索活动，使课堂提问较好地发挥了在发展学生思维方面应有的作用。

（2）教师通过肯定性的语言和"你认为他说的有道理吗？为什么"这样的追问，激发学生回答问题的热情，也要关注课堂上不主动举手的学生，使所有学生都在课堂上经历积极的思维过程，经历真正的、有意义的学习过程。

（3）教师在课堂上要善于掌握课堂反馈的情况，适时地进行引导、挖掘、升华，使师生之间真正地实现交往互动，取得良好的教学效果，真正体现教师的主导作用、学生的主体地位，实现新课标的理念。

（4）课堂教学是一门艺术，每一节课都有新情境、新问题出现，我们仍在探索的道路上。"路漫漫其修远兮，吾将上下而求索。"

（本人辅导吴彩英老师的该课题研究获广东省教育学会小课题立项）

第六章

用心经营我的『家』

——历史科组建设、名师工作室点滴

  2004年，我开始担任学校的历史科组长工作，至今已有15年了。一个学校的科组长应该如何定位呢？有专家说："他是学校工作的执行者，是学科教师的带领者。"我的理解是，我是一个"大家"的家长。在学校科组长竞岗大会上我是这样说的："就工作而言，我会要求我的科组老师以'做有爱心、通专业、求发展的历史老师'为工作理念，我的科组以'建一个跟上现代教育改革步伐、有利于学生成长、有利于教师专业发展的团队'为追求目标。我要做好教学教研的带头人；认真贯彻学校教导处、教研处的工作精神，创造性地开展符合本学科特点的各类教学教研活动；同时我又是大家的朋友、兄弟姐妹，服务好科组老师，努力把历史科组建设成为一个有归属感的'历史人之家'。"2004年以来，我们每一年均被评为学校的先进科组。2009年，我们申报广东省首批示范教学组获得高分通过。2015年，我被选为湛江市首批名师工作室主持人。我担任科组长的十几年是我校历史科组的大发展时期，青年教师在这个平台上得到了迅速成长。

# 我们站在了更高的平台上

### ——被评为广东省首批示范教研组

**示范教研组**

2009年1月，我们向广东省教育厅教研室提交广东省历史学科示范教研组申报书。同年5月，广东省教育厅教研室派王溅波老师一行三人组成的专家组到我校进行考核。我向专家组宣读了申报自评报告书，随后进行专家听课、师生座谈、查阅资料、反馈意见等，最后我们以高分通过了考核。

## 一、我们在学校是有影响力的

在自评报告中，我向专家展示了2004—2008年我担任科组长以来学生对我们科组老师的评价数据，在包括师德、工作态度、上课、作业等五项评价中，历史科组在全校各科组中排名都是名列前茅的。每一年历史科组均被评为学校先进科组，湛江市调研考试成绩及高考成绩均十分显著。我们高二的文科备课组在全校公开备课组的教研活动，在专家与教职员工和学生座谈的时候，大家给予我们的评价非常高。教导处职员也常说我们每年交材料非常及时和整齐。专家反馈意见时非常肯定历史科组在学校的地位及影响力。

## 二、我们打造了一支强有力的名师队伍

当时历史科组的胡龙华老师担任湛江市历史学会副会长。我与胡龙华老师、王荣甫老师经常参加湛江市调研考、高考模拟考的命题工作。我们多位老师在湛江市教研会上上公开课，做专题讲座。我们参与多本教辅资料的编写，有多项课题研究获省市级立项和结题。当时最年轻的周家凤老师成长非常快，她参加湛江市新课标教学竞赛课获一等奖，并在2005年暑假由湛江市教育局组织的全市历史教师新课标培训活动中，被聘为高中新课程学科教师岗前培训专家组成员，在培训活动中上公开示范课。专家组认为我们这支队伍整齐、年轻有活力。我们已经建立起一支在湛江市有影响力的名师队伍。

## 三、课堂教学有特色，符合新课标的要求

三位专家深入课堂听我们上课，他们分别听了三位教师的课。三位教师按照新课标要求，以学生为主体，以老师为主导，设计了一系列课堂活动。通过生动的历史叙述、史料渗透、小组合作探究展示、历史视频等，展示历史科组老师的课堂智慧与风采。例如，王溦波老师听我上的人民版必修二《血与火的征服与掠夺》一课。我播放了《大国崛起》荷兰的片段，印发荷兰近代崛起的补充资料，组织学生小组合作探究"17世纪为什么荷兰能够成

为海上马车夫"。各小组派代表板书展示他们的讨论成果。最后我提问学生"大国崛起对当今中国有何启示"。学生一边讲答案，我一边在课件上快速打字编辑，打出了满满的一屏幕答案。这体现出探究课堂现场的生成性特点。在反馈意见时，专家认为我们的课堂有特色，课堂气氛好，学生参与度高，符合新课标的要求，给予我们的课堂教学充分的肯定。

最后专家也给我们提出了努力方向。例如，需要继续培养更多的有影响力的名师，课题研究的面要更广，要努力建设一支省内有名气、有特色的教研团队，等等。

## 四、平台更高，更有凝聚力

2009年10月，我们被评为广东省首批示范教研组。在升旗仪式后，学校组织了隆重的授牌仪式，我从杨耀明校长手中接过了由广东省教育厅授予的广东省历史示范教研组的牌匾。

被授予省示范教研组，使我们站在了一个更高的平台上。广东省历史教研员魏恤民老师要求我们每年提交一份科组建设典型材料，每年组织我们参加广东省历史教研会年会。他请来全国有名的专家、学者对我们进行培训，还要求我们参与他主持的科组建设的课题研究。他挑选优秀的科组在省历史年会上交流经验，其中2014年东莞会议我校有幸在大会上发言。这些高端会议使我们看得更高更远。期待在魏老师的带领下，我们科组走得更加稳健。

被授予省示范教研组是对我们工作的肯定，科组的凝聚力也更强了，大家更热爱这个大家庭了。科组活动一般指的是每周一次的教研活动。作为一个"历史人之家"的家长，除了教研活动，我组织了多次历史考察活动。这些考察活动一方面配合了我们开设的"湛江特色历史文化"的校本课程的需要，另一方面增强了科组教师的凝聚力。我们还组织全科组教师参加学校的"红五月"文艺表演。我们是学校中第一个以科组为单位登上学校的大舞台表演节目的。这次表演既在全校教师面前展示了我们科组教师的风采，也成为我们科组文化建设的一部分。我们还有一个保留节目，就是年终在科组办公室的围餐。每个备课组负责做几个菜并将其带到办公室来，我们围在一起就像在自己家里一样，在寒冬中提前迎接新年。暖意浓浓，十分开心。

野外考察活动

参加学校元旦晚会演出

# 无愧于省示范教研组的品牌，继续构筑
# 教师专业成长平台

## ——2014年广东省历史教研会东莞会议交流

**在广东省历史教研会上交流**

我校历史科组从2009年被评为省示范教研组至今，转眼已经5年了。作为全校唯一一个省示范教研组，我们把赞扬和压力变为我们前进的动力。在科组建设中继续追求，不断突破，希望无愧于省示范教研组的这一品牌。近年来我们均被评为学校的先进科组，每年都有备课组被评为学校示范教学组。近三年有两位教师被选送参加省骨干教师培训，一位老师被选送参加湛江市骨干教师培训，有两位教师评为校骨干教师，一位教师评为校教学新秀，一位教师评为广东省历史科青年优秀骨干教师，一位教师评为湛江市历史科青年骨干教师。2013—2014学年度，学生对教师的评价中，五项指标中我们历史科组有四项被评为优秀，在全校各科组中名列第一。近三年的工作亮点主要有两方面：一方面是以参加省课题研究为契机，努力探索高效课堂模式；

另一方面是建立历史名师工作室，构筑教师专业成长平台。

## 一、以参加课题研究为契机，努力探索高效课堂模式

在我校历史教研组被评为广东省示范教研组三年后，我们又有幸参加了魏恤民老师主持的广东省中小学教学研究"十二五"规划重点课题"广东省中学历史学科教研组建设理论与实践探索"的研究。我们的子课题的题目是"运用自主学习合作探究的课堂教学模式，全面提高教学质量的探索"。我们希望以参加课题研究为契机，推动我们对课堂教学模式的探索，使我校历史教研组建设更上一个台阶。

课题组两年的探索和实践，使我们的课堂教学观念有了很大的转变。从原来以教师为主体的课堂逐步转变为以学生为主体的课堂，由原来单一的教向引导学生学的转变。在"自主学习合作探究的课堂教学模式"下，各年级根据学生和课程的特点，展开个性化课堂教学，逐步形成具有鲜明特色的课堂教学模式和方法。

### 1. "自学—精讲—探究展示—评价"课堂教学模式

教师编写每课的导学案，课前或课堂上指导学生完成填空和简答的内容。教师选准重点、难点精讲约20分钟。设计若干探究题让学生以小组为单位进行探究和展示。教师点评中突出方法引领和对学生的评价。该课堂模式可以是在一节课当中操作完成各环节，也可以在新课知识传授完成后，以一个单元为单位组织开展探究课。我们的目的是希望通过一系列的课堂设计，使每节课能最大限度地吸引学生的注意力，并使学生更加投入，成为课堂的主人，进一步激发学生的学习潜能。我们在关注学生自主学习的同时，也注重教师的精讲。历史是人类对过往的记忆，历史课程中充满智慧、理想和具有蓬勃生命力的人和事。历史教师如果没有鲜活的讲述，不能充分利用各种资源去创设历史情境，学生就无法真正走进历史，与历史人物同悲欢。我们力图避免把高效课堂变成搞形式主义。经过两年多的实践与探索，以学生为课堂的主体，以促进学生的学为目标的课堂理念，深入"师"心。教师在课堂的精讲中展示自己的个性和魅力，学生在探究展示环节中表现自我、互相学习，在教师的方法引领中，培养终身学习的能力。

### 2. 情境导入探究教学法

在实施"自主学习合作探究的课堂教学模式"中，如何引导学生深入探究问题呢？教师通过展示历史图片、视频、文献材料，组织学生表演等方式，创设历史情境，导入新课，引领学生进行问题探究，收到了很好的效果。

### 3. 基于小组合作活动的教学法

小组合作学习是指课堂中和课堂外的学生互助学习小组。小组合作学习活动是可以丰富多彩的。4～6名学生组成一个学习小组。最常见的是学生在课堂上以小组合作方式讨论探究问题，还可以在课堂上组织小组辩论活动、承担一个历史场景的表演任务、分工编制历史手抄报、课后互相答疑等。这些都离不开学习小组的合作。

### 4. "小老师"上课展示法

在历史课本中，许多历史知识是学生比较熟悉的内容。我们让学生担任小老师走上讲台讲课。他们接受老师布置的上课任务后，认真备课、上课。上课展示以后，他们还接受同学向他们提问——"答记者问"。当同学提出的问题有一定的深度、难度，小老师回答不了时，就会请其他同学或老师进行解答或补充。学生学习小组在上课前查阅各种资料，准备课件。他们上讲台进行展示的时候有的用多媒体，有的用传统方式。他们有的用魔术表演导入新课，有的用唱歌导入新课。板书设计也十分多彩，有表格、示意图、漫画等。学生还喜欢通过课堂上的抢答、知识竞赛来巩固知识。让学生做小老师的做法培养了学生的综合素质，如果实施得当，比单纯地教师讲学生听效果要好，也受到学生的欢迎。周家凤、黄秋芳老师在试题讲评课中，让学生"唱主角"。每道题目先由一名学生讲评，老师再讲，注重审题和答题方法引导，并进行同类型题目的练习，归纳答题规律。

这次的课题研究合作，是老教师的经验与青年教师的激情的结合，科组因而焕发了教学的活力。参与课题研究的青年教师迅速成长起来，他们撰写的多篇论文获奖或发表，参加的3项校本课题研究获奖。

## 二、以学校评选名师工作室的契机，促科组发展

2013年，我们成立了历史名师工作室。我们的宗旨是：构建促进历史教师专业成长的平台，发挥名师在教学教研中的引领作用，激发青年教师教学

教研的潜能，共同成长为"讲师德、有爱心、通专业、求发展的历史教师"。

我校历史科教师共25人，平均年龄不到40岁，其中评上高级职称的占了60%。在课堂上拿着一本课本一支粉笔，哪一个教师都很能讲。利用课件图文并茂，按照设计好的流程把课上好，大多数教师也做得不错。学生对历史教师上课也是比较满意的。人的惰性使我们容易有安于现状的心态，如果不继续追求，不知不觉中我们的历史专业知识和教学理念就会落伍。而近年毕业的年轻教师，需要更多的成长平台。历史名师工作室的建立正好可以发挥名师的引领作用，推动新老教师一起成长。

**1. 组建名师团队，发挥科组教师的特长**

历史名师工作室由省级以上的骨干教师组成名师团队，主要以35岁以下的青年教师为学员，还包括尚未上过高三毕业班的教师。2013—2014年度名师团队由我与胡龙华、王荣甫老师组成。2014—2015年度由我与张萍、周家凤老师组成。这些教师参加过省级以上骨干教师培训，大多参加过省级课题研究，发表过论文或在全国论文比赛中获奖。他们都参加过湛江市高考模拟题命题工作或担任市级兼职教研员，其中有的教师还参加过广东省高考命题工作。由科组这些经验丰富，有事业心、上进心的教师组成名师工作室，发挥了强师的特长，给青年教师传经送宝，树立榜样，形成推动科组发展的强大力量。

名师不可复制，但名师可以培养高徒，高徒也会受身边良好成长氛围的感染而自觉见贤思齐，激发其成长的内在驱动力。

**2. 围绕主题开展一系列教研活动**

我们制订详细的计划，使每次的培训和教研活动都围绕一定的主题展开，既培养了青年教师，也带动了整个科组的发展。

高效课堂比赛课活动。科组组织名师团队制订评分标准，对参赛者和评委进行赛前培训。上课比赛过程全科组参加听课打分。赛后进行评课并由导师给予上课者每人一份书面的评课总结。通过举行竞赛活动，年轻老师迅速成长。有老教师感言："真可谓长江后浪推前浪。催人奋进，深感欣慰，又使我们自身倍感压力！"

命题比赛活动。命题能力的提高是青年教师成长必不可少的一环。我们根据学校的要求，组织青年教师命题比赛。先由科组的名师团队制定规则和评分细则。比赛分两部分进行：第一部分是集中闭卷命题。由选手带手提电脑集中科组进行组题式命题。比赛现场提供8套模拟题和高考考纲，让选手组题。6道选择题、1道非选择题，两个小时完成。第二部分是开卷命题。由胡龙华老师选取古今中外15则历史材料，要求参赛者必须原创或改编。要求在一个星期的时间内命制6道选择题、1道非选择题。5个评委集中评选出一、二、三等奖。在命题总结会议上，我对参赛者试卷中存在的问题逐一指出，最后由胡龙华老师做"历史高考命题的原则和例题分析"的讲座。这次活动我们发挥了名师团队的引领作用，对全科组教师命题能力的提升有很大的促进作用。由于认真落实学校的要求，比赛进行得比较规范，科组获得命题比赛组织奖。

培训是教师成长的必由之路。我们的培训与传统的专家培训不同，不是一人在讲台上讲高深的理论，也不是单单"上面讲下面听"。我们更多采取的是实践操作，而且特别注意导师与学员的互动。周家凤老师与学员分享"时间轴在高三复习中的运用"，先进行半小时的讲座，然后与学员互动交流。学员提出了在运用这一教学法中的困惑，周老师以自己的实践经验给年轻学员支招，气氛非常活跃。我的讲座"历史科组近年高效课堂模式方法推介"是对科组教师近年上过的公开课的课例进行剖析，并让学员畅所欲言，选一节自己印象最深的课分享给大家。学员反映这样的讲座"接地气"，实用性强。

名师工作室的教师们更多的是深入课堂，听取学员的常规课、研究课。评课中，导师以表扬鼓励为主，同时也指出不足。例如，青年教师课堂的驾驭能力相对薄弱，教师在与学生互动的过程中，针对学生的回答不能很好地给予回应和明确的点评。学员吴彩英在反思中也讲道："我感觉和学生之间的互动交流仍有所欠缺，对学生回答问题不在我们设想的范围内时，点评不到位，或者不给予评价。这是我们需要向老教师多学习的地方。"为此，导师们进行了专门的点对点支招。例如，对学生发言的点评要目的明确，要围绕一个中心，要有技巧，还要学会幽默。同时，导师们又指出，点评体现的是教师深厚的教学功底，只有不断磨炼、积累，课堂的驾驭能力才能进一步提高。

通过培训、听课、评课等活动，学员受益匪浅。他们表示：有名师伴我行，我们更有信心地走在课堂教学改革的路上。

名师工作室还策划组织学员到徐闻考察海上丝绸之路始发港，到霞山参观广州湾法国公使署，坐"红嘴鸥"游船畅游湛江港湾等活动，使教师们了解湛江特色历史文化，既开阔了视野，也增强了教师们之间的感情。

名师工作室的读书分享活动，也深受教师们的欢迎。我们向教师们推荐了100多本历史教师需读的书籍，通过学校图书馆或个人购买后，我们进行一学期一次的读书分享会。最后收集整理了教师们的读后感，编辑成电子板报。这一活动的目的是推动阅读成为教师们的习惯，使大家的眼界更高更远。

### 3. 通过简报报告动态，扩大宣传

名师工作室以出简报的方式介绍近期动态。例如，2014年10月的简报上，有名师风采、学员风采、工作室计划、青年教师上课比赛风采、名师点评、比赛教师反思等。11月简报上，介绍了名师的讲座内容、上示范课的风采、指导课题申报等。我们还根据学校安排，在学校墙报栏出了一期介绍历史名师工作室活动的墙报。这是对我们工作室一次很好的宣传。

### 4. 打造教师专业成长共同体初见成效

众人拾柴火焰高。近两年通过名师工作室的引领、促进、培训，加上年轻老师自身的良好素质和刻苦钻研，许多教师进步很快，脱颖而出，取得了不错的成绩。

魏嘉嘉老师说出了学员的感受："与名师对话，让我们在智慧中成长！"名师的心声是："名师工作室的任务不仅仅是引领，更重要的是超越！"

# 基于"四导学教课堂"下的科组教研活动

科组教研活动

2015年春季，我校正式启动新一轮的课堂教学改革，推行"四导学教课堂"的教学模式。目的是通过在课堂教学中实施"导问、导学、导练、导智"，革除传统课堂教学中以教师的教为主，忽略学生的学而带来的弊端，以实现高效课堂为目标，提高教学质量和水平。

科组是学校基层的教师专业团队，主要任务是传达和执行学校的工作精神和指示、组织教学教研活动，把科组打造成学科专业共同体。广东省历史教研员魏恤民老师说过："学科教研组要努力成为教师专业发展的共同体。作为一个组织，在共同的核心价值追求与支撑下，让教学活动与开创性学习结合起来，让各个成员在组织内由工作中活出生命的意义。"在学校开展新一轮课堂改革的背景下，贯彻学校的"四导"教学理念，组织教研活动，促使科组教师积极投身教改，理所当然成为科组建设的重头戏。下面谈谈历史科组是如何结合本学科的实际，进行基于"四导学教课堂"模式下的教研活动的。

## 一、开展教学设计活动，为"四导学教课堂"模式做好设计蓝图

"四导学教"课堂理念主要由美国人文主义心理学家罗杰斯的"学生中心"思想和建构主义理论构成。该理论认为教学应以学生为中心，教师的任务是促进学习者学习和成长，为学习者提供适当的环境，激发学生学习的动机，从而使学生的创造力得到充分发挥。

为使科组教师尽快适应新教学模式，除了理论学习，做好教学设计是实践的第一步，因为教学设计就是课堂教学的蓝图。与传统的教案不同，"四导"教学设计既要设计如何教，更要设计如何学，重点关注的是怎样使学生学得更好。简单地说，教学设计就是要解决"教什么、怎么教"和"学什么、怎么学"的问题。

科组开展的活动有教学设计培训活动、手写历史教学设计交流展示活动、教学设计比赛等。教师们对"四导学教课堂"模式经历了从陌生到初步接触再到熟悉操作流程的循序渐进的过程。在培训活动中，我们做了题为"历史教学设计为'四导'而转变"的讲座。其中谈到"把教案转变为教学案""把写教哪些历史知识转变为如何去教学生学"两个转变的指导思想，并进行案例分析，提供了"四导学教课堂"教学设计模板。

在科组进行手写教学设计交流展示活动中，我们收到全科组教师的作品，在阅读、整理、拍照后，我们进行了总结和投影展示活动。这一次的实操使全科组教师都投身到贯彻"四导"理念的学习和实践中，可以说成果颇丰。我还把教师对"四导课堂"的理解与不足、困惑整理成文，发到每一位教师手中。

### 1. 导问

导问通过师生间、生生间的互动实现。

做法：①自主学习填写导学案等，互学互问，请教老师；②新课导入，创设情境，设置悬念、问题，学生带着问题进入新课；③教师设置探究题，学生讨论、互问；④组织学生进行辩论、表演、"答记者问"等活动，其中

设置质疑、辩驳、回答的环节；⑤选择有深度和广度的题目，促使学生课上、课下问同学、问老师。不足：大多数情况下只有教师问学生，没有考虑如何激发学生质疑提问的做法。

**2. 导学**

导学，学的是学知识、方法、做人。导学包括老师导，生生互导。

做法：①导学案填写。课前或课中给学生自主学习的时间，先学后教；②通过教师设置问题，学生根据文字、图片、表格、示意图、视频、微课等材料，以小组为单位进行讨论，派代表口头或黑板板书展示，或者通过角色扮演、演讲、辩论、自创漫画讲解等形式，学生互教互学；③教师精讲重点、难点，点评学生的观点、答案，教知识、教方法，培养正确态度与价值观。不足：部分设计"导学"的方法显得单一，教师讲得过多。

**3. 导智**

导智，引导学生的智力发展，增长历史智慧，在上课过程中应该无处不在。

做法：①教师对学生探究展示的点评、讲解题目，进行方法的引导、多角度引导；②教师讲解历史时的思维方式、渊博的历史知识，开发学生的智力，启迪学生的历史智慧；③小组合作学习中，学生的组织、协调能力提高；④学生做题也是对智力的发展。不足：大多数设计对学生思维方法、学习方法的指导不明确。

**4. 导练**

导练是巩固知识，学会方法。好的题目同时也起到导问、导学、导智的作用。

做法：一般设计是在课堂上做几道题目或布置学生课后完成教辅资料练习，也有教完一个知识点练一个题目的方式。不足：练习设计缺乏导练与导学、导智的联系，为练而练。

有了这次手写教学设计交流展示活动的初体验，教师们参加学校的教学设计比赛活动时就更得心应手了，大部分参赛的作品从理念、设计过程到格式等方面水平更高，更能体现"四导学教课堂"以生为本的要求了。这为下一步课堂教学的开展打下了坚实的基础。

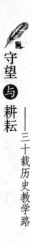
## 二、组织公开教学活动，促进"四导学教课堂"模式在课堂中的熟练运用

课堂教学是学校教学的核心，是学生掌握知识的主战场。教师的主要任务是课前精心设计，课堂实施教学，努力追求课堂效率的最大化，以实现高中历史课程标准要求的目标。如何操作呢？要有一个尝试、完善、再完善的过程。

科组首先做的是推出不同年级、不同类型的课例，供老师们观摩。我们挑选了几位敢于接受挑战、有创新精神的教师，让他们进行了尝试。科组老师听课、评课，我们再根据执教者的上课情况、本人的反思及评课教师的看法整理，进行总评。其中包括上课流程、如何体现"四导"、有哪些优点和不足。这样使老师们更加明确所听的这节课的流程和意图。科组加强推介好的做法，寻找办法突破困难的环节，逐步找到符合本学科"四导"的教学模式。

例如，张萍老师率先在高二文科班上《雅典民主政治》"四导学教课堂"模式实验课。亮点是教师根据考点设定探究问题，学生以小组为单位在课前探究，在课上展示探究结果。同步设小组修改环节，增强合作探究成效。师生间、生生间互动交流、质疑、纠错。导问、导学培养学生的合作探究能力、交流展示能力、质疑能力。该课受到科组教师的肯定。同时，老师们认为可以改进的地方有：四个"导"的各环节平均用力，时间显得不够。认为可以结合教材内容，把某个方面的"导"作为重点。上课前就让学生上黑板展示答案，占用学生休息时间，不符合教学实际，口头表达他们的课前探究成果也可以，不一定每道探究题都板书。通过张老师上的这节实验课，科组老师对"四导学教课堂"模式有了一次很好的体验。

"四导学教课堂"模式经过半个学期的实施，学校要求每科组推荐一节汇报课对全校公开。林菁老师代表科组向学校上汇报课。她执教的是《罗斯福新政》一课。上课形式多样，气氛活跃。下课后，多名学生主动过来与她讨论课堂中的问题。有一名学生说："老师，我很喜欢上这样的课，什么时候可以再上？"可见她的课是得到学生认可的。

课后全科组老师对她的研究课进行了剖析。首先是林老师讲上课意图：

一说主题。以当今"中国梦"该如何实现导入，以史为鉴引出"美国梦"，让学生带着问题开始本课的学习。二说上课流程。①通过编写导学案，学生完成"自主学习"部分；②通过微课展播，探究"1931年的美国是否实现了'美国梦'？为什么"；③通过角色扮演美国国会、农业调整署、全国工业复兴署、联邦紧急救济署的官员演说，"谈谈你们在罗斯福新政中是如何守住'美国梦'的？为什么要这样做"；④提供10段历史素材，通过小组辩论的形式，探究"福利国家利大于弊，还是弊大于利"；⑤小组合作讨论，结合本课所学知识，从国家角度、个人角度谈谈我们如何实现"中国梦"；⑥最后进行小结和巩固练习。三说意图。通过导学案的"自主学习提纲"进行课前导学，先学后教。通过一系列的探究活动进行导学、导问、导智、导练。四说反思。主要是时间没把握好，拖了堂。有些探究问题受时间影响无法展开，以后在材料的取舍问题上还要多学习，使自己的教学设计更符合课堂实际。

评课活动中老师畅所欲言。大家普遍认为林老师对"四导学教课堂"模式的运用很流畅，很有创新。认为各个教学环节以突出学生的自主探究为主，同时教师的精讲和方法引导做得好，实现了导问、导学的目标。有老师指出林老师突出了历史学科的史料教学、史论结合、论从史出的学科特点。也有老师指出林老师的设计有微课，有学生演讲、辩论、探究，花样多、课堂容量大，难以完成课程内容，有不实用的地方，希望在形式上进行改进，在探究题的设问上要更有内涵。评课活动，不但对林老师的专业成长有促进作用，对全科组教师探索高效课堂起了很大的推动作用。

根据科组要求，各备课组也在组内进行了公开课及评课活动。在陈长琦教授主持的"中学历史课程教材改革与发展研究"课题组的一项关于教研活动的教师问卷调查中，有下面的问题："你认为最有效的教研培训活动方式是：A. 专题讲座辅导；B. 名师工作室研修；C. 优质课例研讨；D. 远程培训"。有65.9%的教师认为"C. 优质课例研讨"是最有效的。对此，我们也是感同身受。经过近一年的课例研究、推广，"四导学教课堂"模式为大家所熟悉，科组也形成了历史学科"四导学教课堂"模式的基本框架。

**1.课前系统**

课前系统原则是先学后教。设计导学案布置学生完成填空部分内容，要求学生找出学习难点、疑点，并将其写在导学案的"疑问"中。历史小组长组织组员阅读导学案的材料，讨论小组合作探究题，做好上课展示准备。特殊的课例还需要学生准备自己的绘画、书法作品、历史故事、课件、小品等，目的是引导学生自学、导问。

**2. 课堂系统**

课堂系统原则是以学定教。学生是课堂的主体，教师是引导者、推动者。内容包括一系列的教学形式。学习小组根据导学案或老师课件展示的图文、视频等材料进行小组讨论、展示、历史小辩论、角色扮演，或者充当小老师上讲台讲课、做题讲评等，还有教师的精讲、学习方法点拨、答疑等环节。在此期间贯穿导学、导问、导练、导智，以实现高中历史课程标准的三维目标和高考考纲的能力要求。

**3. 课后系统**

课后系统包括教师布置个人完成的练习册、拓展性作业、小组合作完成的探究性作业等，也包括学生自主阅读、观看历史资料、参观访问等。

## 三、指导备课组进行深度教研活动，促进"四导学教课堂"理念的持久深入贯彻

学校、科组教改离不开备课组的参与。在实际工作中，备课组每周一次的集体备课多流于形式，或者备课观念守旧。备课组长讲一下本周工作要点或大家围绕上课需要讲哪些知识点，需要讲哪道题讨论一下。这样的教研活动对大部分教师是没有帮助的。要贯彻"四导"理念就必须改革备课组集体备课的模式。为此，我们提出了深度教研要求。深度教研并不是研究高深莫测的理论，也不是做几堂"装饰门庭"的课。它是一种教研思想，一种研究意识，一种专业觉醒。它的核心要义是基于解决课堂教学问题的研究，是基于改进学生学习策略的研究，是基于教师专业发展的研究。深度教研要求研究的问题要有智慧深度，研究活动要有交流深度，研究方法要有专业深度。

集中备课组长开碰头会，研讨如何开展集体备课活动。深度教研的"深"应该深在哪里？我们认为这个"深"，一个指探讨学科专业知识，一个是指探讨如何教学生学习。我们提出的备课流程是：备课组长设计好每次备课的流程，进行分工合作。其中主讲人结合"四导学教课堂"理念讲一个

单元或一课总体的上课思路。组员可以从专业知识、学法指导、教学方法、高考命题、作业处理等角度发言，全面而有深度地展开研讨。备课组长在开学初安排好中心发言人、组员的任务。为了达到真正有深度的目标，要求每位教师必须认真准备，有理有据进行发言。各备课组都在进行深度教研活动的探索和实践中做了较好的探索，为科组集体教研积累了经验。

我们组织了三个年级的备课组公开深度教研活动。全科组教师既是参与者又是听课学习者。例如，高二备课组公开的主题是"孙中山的三民主义"。备课组长讲的是"'四导'在'三民主义'一课的具体运用"，从教学各环节全面讲述。组员围绕主题进行的发言包括"不同版本教材的三民主义""高考中的三民主义""'三民主义'一课的学法指导""'三民主义'一课的作业多元化"等。这次备课探讨的教研活动中贯彻"四导学教课堂"理念，主题鲜明，效率高，有实效，从不同的角度展开研讨，深入挖掘，对专业发展起到了很大的推动作用，也对教学起到了直接的指导作用。

经过了一个学期深度备课的尝试后，实效性的备课活动逐步常态化。我们在第二学期进行"深度设计，贴近高考"的探究题设计微主题活动。首先，科组长做"如何使我们的历史课堂设计更贴近高考"的讲座，提出三个问题：①高考考纲四大能力要求，我们的课堂教学是否按照这些能力要求来进行教学设计？②全国高考试卷历史专业能力要求高，考得细、难。我们原来对历史理解程度能适应高考的要求吗？③几年的教学模式的探索，我们的目光更多关注激发学生"学"的方式方法的研究，现在是否需要回头关注教师教的问题呢？

微研究的目的是：按照高考能力要求，挖掘历史考点的深度、难度，使知识的讲解、探究贴近高考的要求。布置备课组工作要求：①把握"度"：不再满足于一般性的讲解，也不能拓展得过宽、过深、过难；②不同的年级、课例应有不同的层次要求：新课、一轮复习、二轮复习等；③贴近高考：运用材料、追求探究问题的原创或改编；④从自己真实的教学实践中，精选一个课例在备课组内与大家分享；⑤备课组选取5个课例（课件）在科组会分享，进行成果展示。通过备课组和科组的一系列分享活动，使教研活动真正地"研"起来了，时效性、专业性得以增强。

　　组织公开集体备课、进行观摩活动、举行微主题探究题设计活动，大大提高了科组的教研水平，营造了非常好的教研氛围，"深度教研备课"模式受到教师们的欢迎。科组在其中发挥了设计师、引领者、鼓动者的作用，为打造学科专业共同体发挥了重要作用。

# 核心素养下的同课异构活动

## ——以"孙中山的民主追求"一课为例

2018年12月7日，我校举办以"核心素养下的'四导学教'高效课堂"为主题的对外开放活动。我与青年教师魏嘉嘉进行了同课异构。我们首先确定以岳麓版必修三22课《孙中山的民主追求》为课题。尽管我们的构思和上课风格有较大的差异，但都是紧紧围绕历史核心素养这个主题而展开。从上课效果来看，两节课的课堂气氛和听课教师的反馈都非常好。

### 一、"理性型"与"情感型"两种风格各展风采

我的上课流程是：导入新课（朗读材料，回答问题，填表格）→介绍孙中山生平（孙中山三个时期的照片）→讲述三民主义的背景、理论来源、内容、评价（材料教学、问题教学法，师生互动）→主题探究"孙中山民族观的变化""孙中山一生的几次转变""中山精神"（材料教学，小组合作探究）→总结（习近平总书记的讲话、教师的感悟和诗句）。

本课设计紧紧围绕教材内容展开，对重要的知识点深入挖掘，课堂教学层次清楚，线索分明，课堂教学设计步步深入，层层剥离。同时，通过主题探究培养学生的思维能力，力图贴近高考的能力要求。属于理性型课堂。

魏老师的上课流程是：导入新课（展示湛江老街照片，介绍老街名称来历与三民主义的关系）→介绍孙中山生平（大事年表）→三民主义背景学习（学生阅读材料，在时间轴上填写政治、经济、思想大事）→探究三民主义的内容和评价（学生角色扮演）→比较新旧三民主义的不同及新三民主义和中共革命纲领的相同之处（指导学生完成表格填写）→孙中山三民主义的

实践（图片讲解）→主题探究孙中山的三个遗嘱的内容，感悟孙中山的精神（材料阅读、小组合作探究）→小结升华。

魏老师对教材进行重整，大胆取舍，以人为立意，以孙中山的一生贯穿课堂始终。学生进行角色扮演，多角度评价三民主义，形式新颖、生动活泼，体现了青年教师的创新性。授课过程中，魏老师感情充沛，富有激情，利用情感的感染性，引起学生的情感共鸣，最终达到以情促知的目标。属于情感型课堂。

上课风格各异，体现了我校教师的个性化教学。特级教师胡军哲认为："历史教师专业尊严的突出表现是专业个性。每一个人，都是自己独特的存在，每一位历史老师，都应该张扬自己的教学个性。它散发的是一种建立在深厚专业素养基础上的文化气息。"教师的教学风格对学生的学习方式有很大的影响。通过同课异构，我们体会到两种风格的课各有长处，应该互相学习，取长补短。

教育学家于漪老师称自己的教学风格是"大象无形"。她说："我的语文课堂教学执意追求的是一种教无定法、学无定式的变化美，没有模式的模式。"所以，我们还要根据不同的课型、不同的课题、不同的学生，调整我们的教学风格、教学模式。

## 二、教学方式异彩纷呈，殊途同归核心素养

我指导学生通过阅读教材及史料，概括归纳孙中山提出三民主义的原因，培养学生多角度进行历史解释的素养；通过史料研读三民主义的内容，培养学生史料实证的核心素养；通过探究孙中山"民族主义观"的变化及原因，培养学生时空观念及历史解释的核心素养；通过探究孙中山一生中的几次转变，体会孙中山的精神，培养学生的家国情怀。

魏老师指导学生通过阅读相关史实与史料，填写时间轴，培养学生的历史时空观念；通过不同的图片、文字等史料，创设情境，求证与"三民主义"相关的各种问题，培养学生史料实证的素养；通过查找身边的历史足迹、阅读教材文字材料、角色扮演，让学生多角度分析三民主义创立发展的背景及其作用，培养学生历史解释素养；通过孙中山的遗嘱阅读，感悟伟人精神，培养学生的家国情怀。

两节课的每个环节均以核心素养培养为出发点，实现了本课的核心目标。以新课导入环节为例：

我采用的是材料导入法。学生阅读材料："近代百年中国所受的纷至沓来的压力，本质上就是资本主义按自己的面貌改造世界，改造落后民族。因此，只有在实现自身近代化的过程中，中国才能真正抵抗一个近代化了的侵略者。先进的人们之所以为先进，就因为他们深浅不同地体会和理解了这一历史趋势。"

——陈旭麓《近代中国社会的新陈代谢》

设问：

（1）据材料，近代先进的中国人顺应了什么历史趋势？（学生：近代化）

（2）近代以来有哪些先进的中国人进行了探索，结果怎样？（学生：根据课前填写导学案的表格回答问题）

师：前面几课所学的先进中国人的探索都失败了，那么孙中山的探索又是怎样的呢？展示课题，导入新课。

通过阅读材料，学生回答问题，并通过复习的方式导入新课，学生有熟悉感，容易进入新情境。

魏老师展示湛江市赤坎区民主路的图片，通过讲述路牌的来历导入新课。俗话说："好的开始是成功的一半。"课堂导入体现了教师的基本功。我们两人在导入新课上都花了不少心思，目的都是为了最大限度地吸引学生的注意力，为新课的学习打下基础。我导入后要求学生汇报课前填写的导学案的表格，把孙中山放在近代民族危机下一系列有识之士进行探索的大时代中，这培养了学生的历史时空观。魏老师通过湛江街道等图片导入，让学生感受历史就在身边，感受孙中山的伟大历史影响，培养学生家国情怀的核心素养。

## 三、名师点评显高度，畅谈教改新情怀

湛江市名师工作室主持人、特级教师刘永红做了点评："新课程理念下，教材是开放的。同课异构，让课堂成为实验室。相同的教学目标、教学内容、学生情况、教学条件，让有不同教学经历、学识和教学理念的两位教师同时上，使得同一教学内容呈现了不同的教学面貌，达成不同的教学效

185

果。感谢两位教师为我们提供了这么好的学习观摩机会。黄老师作为一位资深的科组长，秉承了湛江一中一贯的优秀传统，既注重对知识的深刻理解，对学生历史思维能力的培养，又能适应新课标的要求，对学生进行核心素养的培养。原定与魏老师同课异构的深圳老师未能参加，'临危受命'的黄老师充分展现了'台上一分钟，台下十年功'的雄厚功力。教坛新秀魏嘉嘉老师的课积极引入新史料，教学形式多种多样，集中体现了学生的主体地位，符合新课标理念。她们都体现了'自主、合作、探究'的课堂模式。在她们的身上我们看到了湛江一中人的传承和创新。任何一种教学方法都会有这样或那样的缺陷，任何一节课都会有或多或少的不足，但只要是教师独立自主的探索都值得肯定。一节课不一定要面面俱到，只要让学生有所收获就值得肯定。"

广东省首批优秀青年教师杨汉坤通过计量法精确分析两节课的导入、讲述、探究的用时，进行细节点评。他点评说："黄老师从多元化、多角度去分析一个历史事件，让我们看到教学有章可循；而魏老师锐意进取、充满活力，让我们从另一个角度看到教无定法。教学，贵在得法！任何一节与学生需求、学生水平一致的课都是好课，从这点意义上来说，两位老师的课都是成功的。"

专家们的点评简短而深刻。在评课中他们带来很多新观点新视角，他们既评课又高于评课，"把听课当教研""把课堂当实验""每位老师的探索都值得尊重"等真知灼见让人有所思、有所悟、有所获。这次同课异构活动，使参与者共享了一次历史教研盛宴。

# 以名师工作室为依托，打造教师成长共同体

## ——湛江市名师工作室考核工作汇报（节选）

2015年3月，我被选为湛江市历史名师工作室主持人。工作室的宗旨是以历史核心素养新理念引领，构筑历史教育专业成长平台，为湛江教育崛起助力。我们立足本校，服务湛江，在培养青年教师方面发挥了积极的作用。

## 一、开设历史教育教学讲座

讲座以促进青年教师专业成长为出发点。我们举办了激励成长演讲、技能培训、学术型讲座等，使学员学到技能，开阔了视野，增强了史学功底。这成为激励他们课堂教学改革的源头活水。

### （一）《有追求的教学人生——谈青年教师的成长路径》

#### 1. 心中时时装着学生

青年教师要确立三个方面的追求目标："要让学生感到历史是有趣的学科。""要让学生认为你是一个能把历史教好的老师。""要让学生认为你是有办法使他学好历史的老师。"苏霍姆林斯基说过："让学生们把你所教的学科看作最感兴趣的学科。"虽然我们不一定能完全做到这一点，但我们可以把它作为我们的目标。有记者问李镇西老师："什么样的老师最快乐？"李老师回答说："第一，被学生依恋，被学生牵挂，被学生铭记，这样的老师最快乐。第二，他的课上得好，在课上让学生如痴如醉，自己也满意，这样的老师会感觉很快乐。"李老师的回答道出了教师的快乐真谛，一切源于学生。

**2. 做不断成长的老师**

教师成长主要有三点：一是热爱。热爱会让我们任何时候都能调整好自己，重新出发。二是阅读。内修和视野，使你在任何时代、任何地方、任何单位都会发光。三是与优秀的人同行。学习他人可以少走弯路，他人的成功会激励我们。大家的正能量彼此感应，推动我们前行。

**（二）《历史微课在历史课中的运用》**

微课是以5~10分钟课件为主要载体，记录教师围绕某个知识点或新教学环节开展的简短完整的教学活动。历史微课的作用很多，如提高学生学习历史的兴趣、增强学生自主学习能力、部分能力弱的学生可以反复学习等。所以，通过本讲座可以使学员认识中学微课的主要特点、微课类型、微课的作用和制作等。本人展播了多个优秀微课课例，并且布置每位学员学习制作历史微课。学员李宇虹、郑宇莹老师率先向全科组老师展播了自己制作的微课，并分享了制作方法和使用体会。这使历史名师工作室的培训效益辐射到整个科组，也使大家对于这一教学的新生事物有了理论上和直观上的认识。林菁老师在向全校公开"四导学教"课堂试验课中，运用了她和李宇虹老师共同制作的5分钟微课，介绍美国经济危机的背景，在历史知识介绍、历史情境的创设中发挥了很好的作用。大家认为，作为一种新的教学技术和手段，如果在课堂教学中运用得当，微课也大有可为。

## 二、进行对外交流活动

**1. "从高考阅卷看高三教学"主题教研活动**

2016年8月，本工作室邀请了湛江市5位参加高考阅卷的教师分享阅卷心得。他们从评分细则、学生存在的问题、对教学的启示、高考命题趋势等方面进行了分享。同时，我们还邀请了湛江市历史名师工作室主持人、湛江市开发区一中刘永红主任做"核心素养下的高三历史教学实践"的讲座。参与这次活动的人员除我校历史科组全体教师，还有来自我市其他名师工作室的30多位教师。同行们互相交流，大家感到这次活动对高考备考起到了很好的指导作用。

**2. 历史名师工作室开放日活动**

2017年4月，本名师工作室以"基于知识、能力和素养三个维度的教学探索"为主题开展开放日活动。上午第三节课首先是由我与王荣甫老师进行同课异构。我们在同一个班同一节课分别从基础知识、能力素养的角度讲授同一段历史——"美苏争锋"。第四节课由青年教师魏嘉嘉以"从家书看新中国社会的变迁"为课题进行说课。以家书这一载体，透视大历史，角度新、材料新、史观新，以情思教学理念培养学生家国情怀的核心素养。第五节课由省名师工作室主持人、湛江市历史教研员陈洪义老师主持评课活动。任课老师谈意图及反思，开发区一中名师刘永红等市内名师进行点评。开放日活动体现三维目标到核心素养转变的主题非常明确，富有探索性和创新性，受到来自省内市内许多同行的赞誉。

## 三、举办读书分享活动

工作室每年都会举办读书分享活动。同备课组的青年教师共读一本书，假期推荐专业书籍学员自读，开学后举行读书分享会，并把学员读书心得摘录制作成简报发到校园网上。例如，分享读《全球通史》心得的老师认为该书在全球史观的统领下，写出的史书体系完备、叙事宏大而紧凑，还谈到自己在备课时经常翻阅这本书，把它作为参考。有老师在分享黄仁宇的《万历十五年》时，谈到大历史观下的历史叙事特点。1587年这样一个普通的年份前后，其中的历史人物形象鲜活、富有个性，以及16世纪中的中国社会状态，对我们上课中如何把细节描述与历史时代结合起来有非常重要的启示。分享陈旭麓《中国近代社会的新陈代谢》的老师，讲述了在社会史学观统领下近代中国转型的细节。

两年的市名师工作室工作在各位导师和学员的共同努力下，取得的成果颇丰。6项课题研究完成结题并获奖，发表论文4篇，获奖论文10多篇，2项市级以上上课比赛一等奖。青年教师是学校发展的后劲与希望，作为老教师，能通过名师工作室助力他们成长，以"化作春泥更护花"的心志守望他们成长，实感欣慰。

# 参 考 文 献

［1］陶行知.陶行知文集［M］.南京：江苏凤凰教育出版社，2008.

［2］赵亚夫.历史课堂的有效教学［M］.北京：北京师范大学出版社，2007.

［3］广东教育研究院，中学历史课程教材改革与发展研究课题组.中学历史课程教材改革与发展研究［M］.广州：广东高等教育出版社，2016.

［4］陈洪义.梦想与坚持：做一个有信念的教师［M］.长春：东北师范大学出版社，2017.

［5］陈洪义."情思历史"教学概论［M］.长春：东北师范大学出版社，2017.

［6］郑军.优质教育之路［M］.成都：电子科技大学出版社，2017.

［7］魏书生.班主任工作漫谈［M］.桂林：漓江出版社，2002.

［8］夏辉辉，唐正才，何成刚.世界古代史［M］.北京：北京师范大学出版社，2015.

［9］赵剑峰，苏峰，何成刚.历史课标解析与史料研习·中国古代史［M］.上海：复旦大学出版社，2018.

［10］刘永红.理论引领下的中学历史教学［M］.长春：东北师范大学出版社，2017.

［11］吴磊.教有生命的历史［M］.北京：中国文史出版社，2015.

［12］冼柳欣，肖东阳，王林发.为了未来设计教育：梁哲与探索教育［M］.重庆：西南师范大学出版社，2015.

［13］胡军哲.做一名有专业情怀的教师——胡军哲历史教育教学探索［M］.长沙：湖南师范大学出版社，2017.

［14］教育部师范教育司.于漪与教育教学求索［M］.北京：北京师范大学出版社，2006.

# 感恩有"情"伴我行

2018年暑假，我到顺德妹妹家探望妈妈，跟她们说起想写一本自己教育历程的书，她们都表示十分支持。陪老妈旅游回来，她就催着我："快快回去把你的书写出来！"就是这样上进的老妈，成为我写书的推动力。

我慢慢回看自己能找到的三十年来写过的论文、总结和学生贺卡，写作的思路就出来了。我一直在一座城市一所学校工作，我热爱这里的环境、亲人和学生，也喜欢自己的工作。我的心一直都笃定在教育事业上，所以我把书名定为《守望与耕耘》。守望是一种情怀，耕耘是所有教师的日常工作。教师工作的独特在于，我们心灵可以透过辛苦、琐碎，享受学生的成长和热爱给我们带来的愉悦。校园永远蓬勃有生机，学生永远青春有活力。学生回来看望我时常说："老师，你一直都没变！"这一切，叫我如何不爱她们！

在我的拙作即将付梓之际，需要感谢的人很多，特别感谢魏嘉嘉、林菁、吴彩英、郑宇莹等历史名师工作室的教师。他们的比赛课、教学设计、课题研究论文、成长故事为我提供了大量的素材。谢谢他们的大力协助。

感谢郑军校长的鼓励和支持。我们同一年踏入湛江一中，一起在这里工作了三十年，理解彼此的一中情怀。一句"不必过于计较利益去做，相信总有回报。"增添一位普通教师出版一本书的勇气。

特别感谢很爽快就答应为我作序的韩宜奋老师。韩老师是语文特级教师、广东省名班主任工作室主持人。她被称为最轻松快乐的班主任，是无数教师仰视的对象。担任高三班主任，她工作十分繁忙。为我作序，真令我感动。青年时代，我们一起在湛江一中并肩前行结下了深厚的友谊。她去过千山万水，获得过无数荣誉。每次见面聆听她的故事，她总是那么温暖、那么向上，让我感到与优秀的人同行是多么幸福！

十分感谢还在大学求学的林易华、卢纯青、殷志鹏三位同学为我写的"学生眼中的历史老师"。湖南省特级教师胡军哲认为："教师的价值存在于学生心目中。""别忘了教师生命中真正的贵人。"湛江一中的学生，就是我生命中的贵人。

也感谢我家高先生的鼓励和支持，我写作到深夜他不时递来美食和饮品，在此书的完成中功不可没。

谢谢"情"在此书的写作和出版过程中始终伴我行！

黄劲涛

2019年1月13日